魅力あふれる

認知症カフェの始め方・続け方

浅岡雅子 著

SHOEISHA

翔泳社ecoProjectのご案内

株式会社 翔泳社では地球にやさしい本づくりを目指します。制作工程において以下の基準を定め，このうち4項目以上を満たしたものをエコロジー製品と位置づけ，シンボルマークをつけています。

資　材	基　準	期待される効果	本書採用
装丁用紙	無塩素漂白パルプ使用紙 あるいは 再生循環資源を利用した紙	有毒な有機塩素化合物発生の軽減（無塩素漂白パルプ） 資源の再生循環促進（再生循環資源紙）	○
本文用紙	材料の一部に無塩素漂白パルプ あるいは古紙を利用	有毒な有機塩素化合物発生の軽減（無塩素漂白パルプ） ごみ減量・資源の有効活用（再生紙）	○
製版	CTP（フィルムを介さずデータから直接プレートを作製する方法）	枯渇資源（原油）の保護，産業廃棄物排出量の減少	○
印刷インキ*	植物油を含んだインキ	枯渇資源（原油）の保護，生産可能な農業資源の有効利用	○
製本メルト	難細裂化ホットメルト	細裂化しないために再生紙生産時に不純物としての回収が容易	○
装丁加工	植物性樹脂フィルムを使用した加工 あるいは フィルム無使用加工	枯渇資源（原油）の保護，生産可能な農業資源の有効利用	

＊ パール，メタリック，蛍光インキを除く

本書内容に関するお問い合わせについて

■ 本書に関するお問い合わせ，正誤表については，下記のWebサイトをご参照ください。
　　お問い合わせ　　http://www.shoeisha.co.jp/book/qa
　　正誤表　　　　　http://www.shoeisha.co.jp/book/errata

■ インターネットをご利用でない場合は，FAXまたは郵便で，下記にお問い合わせください。
　　〒160-0006　東京都新宿区舟町5　（株）翔泳社 愛読者サービスセンター
　　FAX番号：03-5362-3818

電話でのご質問は，お受けしておりません。

●免責事項
※本書の記載内容は，2015年9月現在の法令等に基づいています。
※本書の出版にあたっては正確な記述に努めましたが，著者および出版社のいずれも，本書の内容に対してなんらかの保証をするものではありません。
※本書に記載されたURL等は予告なく変更される場合があります。

※本書に記載されている会社名，製品名はそれぞれ各社の商標および登録商標です。
※本書では™，®，©は割愛させていただいております。

Contents

Prologue
認知症カフェはどのようにして生まれたのか ... 007

01 認知症カフェ（オレンジカフェ）ってどんなところ？ ... 008
02 日本の認知症カフェの元になったオランダとイギリスの事例 ... 010
03 日本の認知症カフェはどのように始まったの？ ... 012
04 厚生労働省が打ち出している「認知症カフェ」の開設を促す施策 ... 014

豆知識　オレンジカフェの名前の由来は？ ... 016

Part 1
認知症カフェの始め方（開設の仕方）... 017

01 認知症カフェはどういう人が開設するの？ ... 018
02 どんなコンセプトのカフェにしたらいいの？ ... 020
03 どんな人たちに来てもらうの？ ... 022
04 認知症カフェの運営にはどんな協力者が必要なの？ ... 024
05 どことどのような協力をしたらいいの？ ... 026
06 どういう場所で開いたらいいの？ ... 028
07 開設・運営費用はどうするの？ ... 030
08 カフェの年間計画はどうやってつくったらいいの？ ... 032
09 カフェの開設にはどんな手続きが必要なの？ ... 034
10 どんな備品が必要なの？ ... 036
11 認知症カフェを地域の人たちに知ってもらうにはどうしたらいいの？ ... 038

豆知識　認知症カフェの寄付サポーターを募ってみては？ ... 040

003

Part 2
認知症カフェの続け方（運営の仕方）... 041

01　認知症カフェを運営していくには
　　どういうメンバーで何をすればいいの？ ... 042
02　定休日以外は毎日開店するの？ ... 044
03　カフェの運営財源を安定させるには
　　どうすればいいの？ ... 046
04　カフェでは飲み物だけを出すの？ ... 048
05　お客さんの送迎はどうするの？ ... 050
06　毎回の開店準備はどんなふうにするの？ ... 052
07　開店中は何をすればいいの？ ... 054
08　人材や資金の管理はどうしたらいいの？ ... 056
09　ミニレクチャーの講師やミニコンサートの演奏者は
　　どうやって探すの？ ... 058
10　協力（ボランティア）スタッフと
　　どんな関係を築いていけばいいの？ ... 060
11　カフェに集う人たちの交流は
　　どう促したらいいの？ ... 062
12　カフェでのトラブルを防ぐにはどうすればいいの？ ... 064

豆知識　ケアラーズカフェって何？ ... 066

Part 3
認知症カフェを魅力あふれる場・役立つ場にするために ... 067

01　ちょっとワクワクするような異空間をつくろう ... 068
02　カップやランチョンマットなどの
　　小物でオシャレ感を出す ... 070
03　芳しい香りで非日常の空間を演出する ... 072
04　健康によい漢方茶や
　　ハーブティーをメニューに加える ... 074
05　参加者に喜んでもらえるお菓子を出す ... 076

06 たまにはウキウキするような
「洋／和スイーツの日」を設ける … 078

07 たまにはみんなで「洋／和のランチカフェ」を楽しむ … 080

08 BGMで脳をリラックスさせる … 082

09 認知症の予防や症状緩和に役立つ
レクリエーションを企画する … 084

10 相談はプライバシーに配慮した個別の相談スペースで … 086

11 認知症の人や家族が必要とする情報を
継続的に提供する … 088

豆知識　緑茶とコーヒー、認知症予防効果が高いのはどっち？ … 090

Part 4
各地の認知症カフェ（オレンジカフェ）の事例紹介 … 091

01 地域包括支援センターが主催するカフェ
「オレンジカフェ みんなの家・川越新宿」
（埼玉県川越市）… 092

02 NPO法人が主催するカフェ
「認知症予防カフェ おれんじ」
（東京都小金井市）… 096

03 認知症の家族会が主催するカフェ
「オレンジサロン 石蔵カフェ」
（栃木県宇都宮市）… 100

04 介護施設が主催するカフェ
「オレンジカフェ 今羽」
（埼玉県さいたま市）… 104

05 医療機関が主催するカフェ
「しばさきオレンジカフェ」
（東京都調布市）… 108

豆知識　MMSEはちょっとこわい！？ … 112

Part 5

認知症の基礎知識
～認知症を正しく理解しておくために
... 113

- 01 軽度認知障害（MCI）について知っておこう ... 114
- 02 認知症を医学的に理解しよう ... 116
- 03 認知症の中核症状について知っておこう ... 118
- 04 認知症の周辺症状（行動・心理症状）について知っておこう ... 120
- 05 若年性認知症について知っておこう ... 122
- 06 心理検査による認知症の判別・評価の概要を知っておこう ... 124
- 07 認知症ケアパスについて知っておこう ... 126
- 08 認知症の人や家族と接するときに留意すべき10のポイント ... 128

豆知識　今注目されているMCIスクリーニング検査とは？ ... 132

付録1
認知症に関係する専門用語解説 ... 133

1. 認知症に関係する医学・看護・介護の専門用語 ... 134
2. 認知症の治療や予防に使われる薬 ... 146

付録2
認知症カフェの開設・運営の参考になる資料 ... 149

1. 自治体の認知症カフェ助成金公募の例 ... 150
2. 認知症の人や家族の個人情報保護に関するガイドライン ... 155
3. オランダとイギリスの認知症カフェに関する追加情報 ... 158

Prologue
認知症カフェはどのようにして生まれたのか

"認知症カフェ"や"オレンジカフェ"という名前を知っている人はまだほとんどいないと思います。ところが、現在、認知症カフェは日本各地で開設され、その数が増え続けているのです。一体それは、どういったものなのでしょうか？ 日本の認知症カフェ（実際には"オレンジカフェ"という名前のほうが多い）は、オランダのアルツハイマーカフェ、イギリスのメモリーカフェやディメンシア（認知症）カフェを参考に、古くから日本にあったお年寄りの集いの場の長所をとり入れて生み出されたものと言えるでしょう。ここでは、認知症カフェが日本でどのようにして生まれ、今はどんな状況にあるのかを見ていきます。

01 認知症カフェ（オレンジカフェ）ってどんなところ？

認知症の人のことを第一に考えてつくられた集いの場

❁ もの忘れが気になり始めた人が安心して立ち寄れるカフェ

　何回も行っている娘の家に行こうとして乗り換え駅がわからなくなったり、慣れているはずの銀行のATMで振込み操作を何回も失敗して途中でやめてしまったり……。そうしたことがたび重なると、認知症ではないかという不安を感じ、失敗を恐れて外出をためらうようになります。そんな人が安心して立ち寄れる場所として考えられたのが、認知症カフェです。

❁ 不安な思いを受け止めてもらえる場所

　もの忘れが進んでいると感じたとき、もの忘れの専門外来を受診する人もいれば、家族に隠そうとする人や認知症の可能性を頑として認めない人もいます。でも、こうした軽度の認知障害や認知症初期の人は常に不安や焦燥を抱えています。本当はそれを誰かに受け止めてほしいのではないでしょうか？　家族はもっと複雑な思いを抱えているかもしれません。そんな人たちの思いはどこに行けば聞いてもらえるのか……。認知症カフェは、まさにそういう人たちのやり場のない気持ちを受け止めるための場所なのです。

❖ 認知機能の低下にかかわる不安や悩みを打ち明けることができる場所

　もの忘れが進んでくると、多くの人が外でのトラブルを恐れて1人で出かけるのを避けるようになります。そして、その人たちを支える家族は、将来のことも考えてさらに複雑な思いを抱くようになるはず。認知症カフェは、そんな人たちが気軽にお茶を飲みお菓子を食べながら、ごく自然に認知機能の低下にかかわる不安や悩みを打ち明けることができる場所です。

認知症カフェはこんな人たちのための場所

- もの忘れ外来で認知症初期と診断されて以来、人とつき合うことがほとんどなくなった。
- もの忘れが心配で役所に相談に行ったら、とにかく要介護認定を受けてくださいの一点張りで、なんだか気落ちしてそのままになっている。
- もの忘れは自覚しているが、それ以外は普通だと思っているので、デイサービスなどには行きたくない。
- 1人で外出するのが怖くなり、めったに家から出ない生活を送っている。
- 夫婦二人暮らしのなか、妻はもの忘れがひどくいつもイライラしている。夫である自分も毎日がつらい。
- 近ごろ認知症ではないかと心配で、遠方に住んでいる子どもたちに相談したいが、忙しそうなので遠慮している。

Prologue 認知症カフェはどのようにして生まれたのか

02 日本の認知症カフェの元になった オランダとイギリスの事例

認知症カフェのルーツはオランダ、名前の由来はイギリスの"ディメンシアカフェ"

❀ 認知症カフェのルーツはオランダの"アルツハイマーカフェ"

　1997（平成9）年に、オランダアルツハイマー協会（Alzheimer Nederland）と臨床老年心理学者ベレ・ミーセン（Bere Miesen）が協力して認知症の人たちが気軽に集える"アルツハイマーカフェ"が開設されました。それがオランダ全土に広がり、イギリスをはじめヨーロッパ各国やアメリカなどにも広がっています。日本の認知症カフェのルーツもオランダにあるようです。

❀ オランダのアルツハイマーカフェってどんなところ？

　運営するのはオランダアルツハイマー協会とボランティアの人たち。オランダ各地で毎月開催され、コーヒーを飲まない国の人向けの"アルツハイマーティーハウス"も開かれています。認知症の人だけでなく、家族、友人、地域住民、専門職など、誰でも参加することができるのが特徴です。カフェはオランダ全土に約230ヵ所あり、月に1回、約2時間半、ほぼ共通のタイムスケジュール（「カフェタイム」、「レクチャー」、「ライブミュージックなどのリラックスタイム」、「講師との質疑応答」、「カフェタイム」）で運営されています。

❖ イギリスのメモリーカフェ、ディメンシアカフェってどんなところ？

　イギリスには、認知症の人や家族のためのカフェが全国に約320ヵ所あります。カフェの名称は、"メモリーカフェ"が一番多く、"ディメンシア（認知症）カフェ"がそれに続き、ほかにも"フォーゲットフル（忘れっぽい）フレンドカフェ"などさまざまです。イギリスでは、オランダのアルツハイマーカフェとは違い、提供される飲食物の種類、備わっている設備（音楽設備やダンススペースなど）、タイムスケジュールなどがカフェによっていろいろ異なります。

❖ イギリスの"ディメンシアカフェ"が日本の"認知症カフェ"の名前の元

　イギリスのメモリーカフェやディメンシア（認知症）カフェは、オランダのアルツハイマーカフェを参考にしてつくられたようですが、イギリスではアルツハイマーカフェという名前はあまり使われていません。それは、アルツハイマーだけが認知症ではないことと、アルツハイマーという病名のマイナスイメージを避けるためなのかもしれません。日本の"認知症カフェ"は、オランダのアルツハイマーカフェをルーツとし、イギリスの"ディメンシア（認知症）カフェ"から名づけられたようです。

※オランダのアルツハイマーカフェとイギリスのディメンシアカフェに関する追加の情報が付録2にあるので、必要に応じて参照してください。

03 日本の認知症カフェはどのように始まったの？

認知症の人や家族には気軽に立ち寄って楽しくすごせる場が必要！

♣ 日本には以前から老人が集う場所がいろいろあったけれど……

　日本には、「憩いの家」、「老人クラブ」、「シニアサロン」といった、高齢者が気軽に集う施設がいろいろあります。また、町内会の集会所などに近隣のお年寄りが食べ物をもち寄って楽しくすごす風景もよく目にします。こういった場の多くは認知機能に少々問題のあるお年寄りも受け入れていました。ですが、それを好ましく思わない人がいると、認知症の人や家族は肩身の狭い思いをすることになります。

♣ 認知症の人や家族が気軽に立ち寄って楽しくすごせる場を

　高齢者が増加すれば、当然、認知症の人も増えていきます。そういうなかで、介護関係者や医療関係者などから「認知症の人や家族が気軽に立ち寄れる場が必要」という声が出てきました。その結果、認知症の人やその家族を主なお客さんとするカフェのような場が、2000（平成12）年に入ったころから登場し始めます。しかし、認知症カフェの必要性が社会に認められるようになるまでには、10年以上の年月を要しました。

❧ 認知症カフェが増え始めたのはいつごろ？

『認知症カフェのあり方と運営に関する調査研究事業 報告書』（平成24年度 老人保健事業推進費等補助金 老人保健健康増進等事業）によると、認知症カフェの開設が急に増え始めたのは、2012（平成24）年。そのきっかけは、同年の『認知症施策推進5か年計画（オレンジプラン）』のなかで政府が認知症カフェの必要性に言及したことにあったようです。また、2015（平成27）年の『認知症施策推進総合戦略（新オレンジプラン）』で自治体に認知症カフェの開設を促したため、カフェの開設がさらに加速することになりました。

❧ 認知症カフェの数はすでに300ヵ所を超えている！？

全国の市区町村（2014年4月5日時点で特別区を含め1,741）の多くが認知症カフェの開設・運営に対する助成金を用意し公募をしていることや、助成金を利用したカフェがすでに開設され始めていることから考えて、ここ数年のうちに認知症カフェの数が全国で急速に増えていくことは間違いありません。インターネットなどで全国の市区町村を大まかに調査した結果から、すでに300ヵ所を超える認知症カフェが開設されていると推定されます。

04 厚生労働省が打ち出している「認知症カフェ」の開設を促す施策

『オレンジプラン』と『新オレンジプラン』で認知症カフェの開設を奨励

♣『オレンジプラン』で認知症カフェにはじめて言及

　厚生労働省は、2012（平成24）年9月5日に『認知症施策推進5か年計画（オレンジプラン）』を公表しました。これは、認知症施策検討プロジェクトチームが2012（平成24）年6月18日にとりまとめた『今後の認知症施策の方向性について』を元につくられた5ヵ年計画（平成25～29年度）です。そのなかの「5．地域での日常生活・家族の支援の強化」に、認知症カフェに関する下記の記述が見られます。

> 平成25年度以降「認知症カフェ」（認知症の人と家族、地域住民、専門職等の誰もが参加でき、集う場）の普及などにより、認知症の人やその家族等に対する支援を推進

♣『新オレンジプラン』で認知症カフェ開設を本格的に後押し

　厚生労働省は、『オレンジプラン』をさらに発展させたものとして、2015（平成27）年1月27日に『認知症施策推進総合戦略（新オレンジプラン）～認知症高齢者等にやさしい地域づくりに向けて～』を公表。これにより、認知症カフェの推進が本格的に後押しされることになりました。

♣ 『新オレンジプラン』関係の公表資料で認知症カフェに言及している部分

◇ 『新オレンジプラン』の「4．認知症の人の介護者への支援」からの抜粋

○ 認知症の人の介護者の負担を軽減するため、認知症初期集中支援チーム等による早期診断・早期対応を行うほか、認知症の人やその家族が、地域の人や専門家と相互に情報を共有し、お互いを理解し合う認知症カフェ等の設置を推進する。

> 【認知症カフェ等の設置】（目標新設）
> 2013（平成25）年度 国の財政支援を開始
> ⇒ 2018（平成30）年度～すべての市町村に配置される認知症地域支援推進員等の企画により地域の実情に応じ実施
> ＊医療介護総合確保推進法を踏まえ、新たに目標を設定。

◇ 『認知症施策推進総合戦略に係る平成27年度当初予算案（資料2）』（2015年1月27日公表）からの抜粋

認知症施策推進総合戦略			所管省庁	関連施策名	金額 （単位：百万円）
第2-4	認知症の人の介護者の負担軽減	認知症カフェ等の設置の促進	厚生労働省	認知症地域支援・ケア向上推進事業	1,539

豆知識

オレンジカフェの名前の由来は？

日本の認知症カフェの実際の店名で一番多いのは"オレンジカフェ"。そこで、"オレンジ"の由来について調べてみました。2005（平成17）年から始まった「認知症サポーター100万人キャラバン」で、養成講座を受講した認知症サポーターに、オレンジ色のリング（軟質のブレスレット）が配られています。このリングは認知症の人とその家族を支援する連携の「目印」であり、2012（平成24）年に厚生労働省が公表した「オレンジプラン」（「認知症施策推進5か年計画」）に"オレンジ"が使われ、認知症カフェの店名にも使われるようになったようです。オレンジリングの色は、酒井田柿右衛門が生み出した有田焼の赤絵磁器の柿色に由来しているのだとか。

Part 1
認知症カフェの始め方（開設の仕方）

人が集い利用者に喜ばれる認知症カフェを開設するには、どんなことを考え、どのような準備をしたらよいのでしょうか？ このPartでは、認知症カフェを立ち上げるまでの基本的な流れと準備すべきことを、わかりやすく、そして具体的に解説していきます。Part 4の「各地の認知症カフェ（オレンジカフェ）の事例紹介」も参考になるので、併せて目を通してください。

01 認知症カフェはどういう人が開設するの?
思いを共有する人たちが、協力し合って開くのが理想

❖ 認知症について前向きに考えたことがある人はすべて候補者

　認知症カフェは、反社会的な団体や政治・宗教の勧誘を目的とする団体などを除けば、基本的に誰でも開設することができます。とはいえ、そこには、「認知症の人に対して何かできることをしたい」という意志が必要です。自治体から有志の個人まで、立ち上げる人や組織はさまざまですが、そうした意志が根底にあることは同じ。思いを同じくする人や組織が協力・連携し合って開設すれば、カフェが提供できるサービスの幅が広がり、連携拠点としての役割を担うこともできます。

❖ 協力スタッフは認知症に理解があるボランティアが中心

　認知症カフェでは、立ち上げの責任者と主催者側のメンバー（運営スタッフ）が運営にあたりますが、カフェの規模によっては、協力スタッフを募集することになります。認知症カフェの趣旨から考えて、協力スタッフは、認知症サポーターなど認知症に関心のあるボランティアが中心となるでしょう。なかには、利用者がカフェの仕事を手伝うケースもあります。自治体なども、軽い認知症の人がカフェを手伝うことを奨励しているようです。

❀ 認知症カフェ開設の主体となるのは？

　認知症カフェは、認知症に対する理解さえあれば、どのような組織でも個人でも開設することができます。主にどんな組織や人たちが開いているのか、または、開く可能性があるのかを見てみましょう。

<公的機関>
- 市町村などの自治体
- 地域包括支援センター
  （自治体直営のセンターもあるが民間委託のほうが多い）
※認知症カフェの開業・運営に関しては、今後、認知症地域支援推進員が中心的にサポートすることになる。

<福祉系の民間団体・企業>
- 福祉系のNPO法人
- 社会福祉協議会
- 社会福祉法人（医療・看護・介護施設と一部重複）
- 福祉系の有限会社や株式会社

あなたは、どれにあてはまりますか？

ほかの団体と協力し合うと、選択の幅がもっと広がるかも？

<認知症にかかわる医療・看護・介護施設>
- 病院やクリニック
- デイサービス、グループホーム、訪問介護事業所など
- 訪問看護ステーション

<有志の個人・団体>
- 認知症家族の会
- 医師・看護師・介護福祉士など
- 認知症に関心がある個人
- CSR（社会的責任）や社会貢献活動に関心がある企業
- 飲食店のオーナー

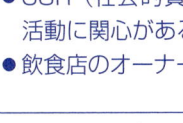

Part 1　認知症カフェの始め方（開設の仕方）

02 どんなコンセプトのカフェにしたらいいの？
「もの忘れ」をキーワードに個性豊かなカフェを！

❇ リラックスして楽しめる"ちょっとオシャレな場"をつくる

くつろいでお茶を味わい、雰囲気を楽しむ。認知症カフェはリラックスできる"日常の場"であると同時に、心躍る"非日常の場"であることも大事です。温かい雰囲気に包まれた"オシャレで心安らぐ場"を目指しましょう。

❇ 認知症の相談が気軽にできる場をつくる

認知症初期のころは、暗闇に入って行くような不安や恐れを感じるもの。そんな人たちに対し、心配事を気軽に相談できる心強い味方になるために、定期的あるいは常設で相談の場を設けましょう。また、必要なら役所、ケアマネジャー、専門医などに橋渡しすることも、認知症カフェの大事な役割です。

❇ 認知症について学べる場をつくる

認知症に限らず、自分の病気について知ることは病気への恐怖心を和らげるよい方法です。特に家族は認知症についてできるだけ多くのことを知りたいと考えています。認知症カフェは、そうした情報の発信基地として勉強会やセミナーを開くのが理想。スタッフ自身も一緒に学ぶ姿勢をもちましょう。

♣ 認知症カフェの3要素

　認知症カフェは、認知症の人やその家族が「気軽に立ち寄りたいと思うようなリラックスできる場所」であることが基本。そのうえでここに示す3要素があれば、認知症カフェは認知症の人や家族をきめ細かく支援する場となります。認知症の人やその家族にとって、"ひとりじゃない"と思えることは心強い支えとなるはずです。

<楽しむ>
- カフェとしてお茶やお菓子を楽しむ。
- おしゃべりを楽しむ。
- ほかのお客さんと交流して楽しむ。
- カフェで仲よくなった人たちとカフェ以外の場所でともに楽しむ。
- コンサートなどの催しを楽しむ。
- カフェでのアクティビティを楽しむ。

<相談する>
- 認知症に詳しい医師、看護師、精神保健福祉士などに心配事を相談する。
- 家族どうしで対話して悩みを共有したり、アドバイスし合ったりする。
- 地域包括支援センターの職員やケアマネジャーなどに今後どうしたらよいかについて相談する。

<学ぶ>
- 認知症の専門知識をもった講師による認知症セミナーや勉強会で学ぶ。
- カフェに常備された認知症に関する書籍、冊子、パンフレットなどから役立つ情報を入手する。
- カフェでの交流を通じて、認知症の人や家族との接し方を学ぶ。

03 どんな人たちに来てもらうの？

認知症カフェは小さな舟が嵐を避けて集まる港

❁ 不安を抱える軽度認知障害（MCI）の人や認知症初期の人が主なお客さん

　認知症カフェに来ることでもっとも効果が得られるのは、自分が壊れていきそうな不安を抱える軽度認知障害（詳細は Part 5 の「1．軽度認知障害（MCI）について知っておこう」を参照）の人や認知症初期（軽度）の人たち。カフェは、そういう人たちが安心して立ち寄れる避難港のような場所なのです。中等度以上の認知症の人や家族が来店した場合には、何回か来るうちにケアマネジャーなどを通じてその人が本当に必要とするサービスにつなげていきましょう。

❁ 若年性認知症の人も対象にする場合は工夫が必要

　若年性認知症（65歳未満で発症）の人は、認知症の高齢者と一緒にデイサービスなどを利用することに抵抗を感じるものです。記憶以外の機能が比較的保たれている場合は、なおさら。できる限り社会と接点をもちながら普通の生活を送りたいと考えるからです。ですから、認知症カフェも"普通の生活"の一部であってほしいのです。来店の問合せを受けたら、立ち寄りやすくすごしやすい環境をつくれるかどうか、専門家にも相談しながら検討しましょう。

♣ カフェにはいろいろなお客さんがやってくる

　お客さんの中心は、認知症カフェをもっとも必要としている"軽度認知障害（MCI）の人や認知症初期の人とその家族"。そして、その人たちをサポートする人や近隣の人たちなど、さまざまな人たちが来店します。客層はカフェを開設してから、状況に応じて変化していくでしょう。

- 軽度認知障害(MCI)の人 
- 認知症初期の人 
- 認知症初期の人に同伴する家族
- 認知症の人を伴わず単独で参加する家族
- 地域の認知症サポーター
- 認知症の人の友人・知人
- 認知症になるのではと心配している人 
- 認知症のことを理解しようと思っている地域の人 
- セミナーなどを行う外部講師
  - ●認知症外来の医師
  - ●警察・消防関係者
  - etc.
- 認知症相談に対応する専門職
  - ●医師
  - ●看護師
  - ●精神保健福祉士
  - ●介護福祉士
  - ●ケアマネジャー
  - ●自治体の福祉関係職員
  - ●地域包括支援センターの職員
  - etc.

Part 1　認知症カフェの始め方（開設の仕方）

04 認知症カフェの運営には どんな協力者が必要なの？

認知症カフェは支援の場でもあるので、専門家の協力が不可欠

♣ 認知症の専門医やサポート医に参加・協力してもらうのがベスト

　認知症カフェは、リラックスの場であるとともに、相談の場でもあります。相談は、話を聞くだけでも効果はありますが、相談者の多くは有効なアドバイスを期待します。それには、認知症の専門医やサポート医に運営メンバーとして参加してもらうのがベストですが、アドバイザリースタッフとして継続的に協力してもらう形でも十分効果はあります。カフェの意義や趣旨を詳しく説明して、参加・協力をお願いしてみましょう。

♣ 介護福祉士、社会福祉士、精神保健福祉士に協力を要請しよう

　これらの資格は、福祉系の3大国家資格です。特に、精神保健福祉士は精神保健医療福祉分野のソーシャルワーカーですから、認知症に関する専門知識や対応スキルも修得しています。このほか、認知症に詳しい看護師、ケアマネジャー、生活相談員なども、カフェにとって強力な助っ人になってくれるはず。運営スタッフあるいは協力スタッフとして参加してもらえないか、お願いしてみましょう。

🏵 認知症の専門医とサポート医

◇認知症専門医

認知症に対して専門的な治療ができる証として、下記の学会がそれぞれ認定。
- 日本認知症学会の「認知症学会専門医」
- 日本精神科医学会の「日本精神科医学会認定認知症臨床専門医」
- 日本老年精神医学会の「日本老年精神医学会認定専門医」

◇認知症サポート医

厚生労働省が実施している「サポート医研修」を受講することで得られる資格。
かかりつけ医への助言や、地域の認知症医療の中心的役割を担う。

🏵 認知症の人たちの支援に関係するさまざまな専門職

認知症支援地域推進員	医療機関、介護サービス、地域の支援をつなぐ認知症支援の専門職（役所や地域包括支援センターなどに配置）
認知症看護認定看護師	認知症看護分野において、熟練した看護技術と知識を有することが認められた者（日本看護協会の認定資格）
介護福祉士	身体または精神に障害がある人の介護を行なったり、介護に関する指導を行なったりする専門職（国家資格）
社会福祉士	福祉に関する相談に応じ、助言、指導、福祉サービスを提供する専門職（国家資格）
精神保健福祉士	精神的な問題を抱える人の日常生活を支援したり、社会参加に向けた支援活動を行なったりする専門職（国家資格）
ケアマネジャー（介護支援専門員）	介護が必要な人が適切なサービスを利用できるようにコーディネートする専門職（都道府県が管轄する公的資格）
生活相談員	介護施設で、利用者やその家族に対する相談業務、窓口的な業務、介護職の管理業務などを行う専門職（都道府県が管轄する任用資格）

05 どことどのような協力をしたらいいの？
認知症カフェは「連携」なくしては機能しない

❖ 地域連携の核となるのは地域包括支援センター

　認知症カフェの連携先として欠かせないのが、日ごろから軽度認知障害（MCI）や認知症初期（軽度）の人たちを支援している地域包括支援センター。市区町村によってはセンター自らが認知症カフェを運営しているところもあり、センターは認知症カフェに対する理解と運営ノウハウを備えた心強い味方です。カフェで相談を担当する専門職を紹介（理想的には業務の一環として派遣）してもらえるか、どんな協力をしてもらえるかを率直に聞いてみましょう。

❖ 協力を得るには普段からのコミュニケーションが大事

　認知症カフェの立ち上げが現実的になってきたら、地域で連携・協力してもらえそうなところへ、事前に連絡を入れてあいさつに行きましょう。たとえば、地元の医師会にどんな認知症カフェがつくりたいのかをじかに伝えれば、認知症に詳しい医師を紹介してくれるでしょう。また、介護に関しては、地域包括支援センターのケアマネジャーを通じてデイサービスや訪問介護事業所と連携することもできます。それらの事業所にも、こちらから出向いて、今後の支援と協力を仰ぐ努力が必要です。

❖ 認知症カフェは、いろいろな機関との連携が不可欠！

認知症カフェは、認知症に関する相談や支援の場でもあります。カフェの開設が具体化してきたら、関係各所を訪ねて、協力を仰ぎましょう。

自治体の認知症関連部署や地域包括支援センター
- 業務の一環として、社会福祉士、精神保健福祉士、ケアマネジャーなどを相談対応者として派遣してもらうことは可能か？
- 認知症に詳しい医師や看護師を業務の一環として派遣してもらうことは可能か？

医師会、歯科医師会、薬剤師会
- 相談対応者もしくは勉強会講師としてボランティアの（あるいはそれに準ずる）立場で参加してもらうことは可能か？

デイサービス、訪問介護事業所、訪問看護ステーションなど
- 各種の介護サービスが必要になったときにケアマネジャーを通じて迅速な対応をしてもらうことは可能か？
- 事業所の生活相談員、介護福祉士、理学／作業療法士などに相談対応者や支援者としてカフェに参加してもらうことは可能か？

社会福祉協議会や民生委員など
- カフェの運営に関して何らかの支援をお願いすることは可能か？

06 どういう場所で開いたらいいの？
来やすさ、雰囲気、コスト……何を優先させるのか

❖ 街中がいいか郊外がいいかは地域性で変わってくる

　最初に、カフェの立地について考えましょう。認知症カフェは、認知症の人や家族をはじめとするお客さんが気軽に立ち寄れる場所になければなりませんが、気軽に立ち寄れるかどうかは地理的条件によって異なってきます。人口密度が高い都市部では買物エリアである街中にあったほうが便利かもしれませんが、人口密度が低い地方の町では駐車場がある郊外の場所のほうが行きやすいでしょう。どこに開設すれば多くのお客さんに来てもらえるのか、地域での高齢者の動き方をよく把握して判断しましょう。

❖ 費用を抑えたいならできるだけ公共の建物を利用する

　次に、公共の場を借りるのか、民間の建物を借りるのかについて検討しましょう。公共の場は借りる費用が安い（あるいは無料である）反面、カフェのもつワクワク感が出しにくい場合もあります。一方、民間の建物の場合は、クリニックや介護施設の一角なのか、商用の建物や個人の建物なのかで、大きく違ってきます。どこで開くかは、入りやすさ、広さ、理想とするカフェの雰囲気、コストなどのどれを優先させたいのかをじっくり検討して決めましょう。

❖ 認知症カフェを開くのに向いている建物は？

　認知症カフェは、制約条件と希望条件によって、開設する地域や建物が決まってきます。さまざまな条件を比較検討しながら、どうしたら最善のカフェを開くことができるのかを、立ち上げメンバーでしっかりと話し合いましょう。

公的組織の建物（役所、公民館、図書館、勤労福祉会館、婦人会館など）

- メリット　借りる費用が安い（あるいは無料）、広いスペースが確保しやすい、駐車場が確保しやすい、地域の関連機関との連携がしやすいなど。
- デメリット　公的な建物は無機質な内装が多いためカフェというオシャレな雰囲気が出しにくい、堅苦しい雰囲気が漂うためくつろぐ雰囲気に欠けるなど。

民間の建物（もの忘れ／認知症外来があるクリニックや病院、デイサービスや入居施設などの介護施設、自治会や町内会の集会所など）

- メリット　関係者が協力的、認知症への理解が得やすい、駐車スペースがある場所が多いなど。
- デメリット　非日常のワクワク感がない、気軽に立ち寄れる雰囲気がないなど。

民間の建物（個人の住宅、レストランや一般のカフェ＜定休日や貸し切り利用＞など）

- メリット　オシャレなカフェのイメージが出しやすい、キッチン機能が充実している、温かい雰囲気があるなど。
- デメリット　物心ともに負担が一部の人に偏りやすい、個人や店の事情に左右されるなど。

07 開設・運営費用はどうするの？
自治体の助成金や寄付金などを上手に利用しよう

❖ 何にお金が必要かを見極めて収入を手当てしよう

　開設時にもある程度の費用はかかりますが、問題は運営にかかるランニングコスト。主な支出は場所代、スタッフや協力者の人件費、提供するお茶やお菓子などの購入費用。このなかで、茶菓の食材費は利用者からもらう原価程度の利用料で賄うケースが多いようです。利益が出るような利用料にしてはどうかという意見もありますが、あまり一般的ではありません。場所代についてはどこを借りるかで違いが出るため、予算に見合う場所を探す努力が必要です。

❖ 一般の個人や団体が開設する場合に心強いのが自治体からの助成金

　期間を決めている場合もありますが、認知症カフェの開設・運営に対して助成金を出す自治体が増えています。役所に連絡して、認知症カフェの開設・運営助成金があるかどうかを聞いてみましょう（ホームページに助成金の募集要項を公開しているところもあります）。それと併せて、認知症カフェに利用できる他の助成金があるかどうかも確認しましょう。ほかに考えられるのは、企業や団体からの寄付。身近な企業や団体と交流するなかで信頼関係を築いていき、認知症カフェへの資金協力を要請するのがよいでしょう。

❦ カフェの開設・運営にかかわる主な収入と支出

　カフェを開いて運営していく際には、どんな収入や支出が発生するでしょうか。自治体の助成金を受けるためにも、収支の概要を把握しておきましょう。参考として、補助金を受ける場合に提出する収支予算書の記入サンプルを示しておきます。

＜20xx年度 認知症カフェ事業収支予算書＞

科　目	予算額	備　考
収入の部		
○○市からの助成金	165,000 円	対象経費の合計－主催団体からの拠出金
利用（参加）料金	48,000 円	利用料金 200 円×20人×12 回
なごみの輪からの拠出金	10,000 円	なごみの輪はカフェの主催者
合　計	223,000 円	
支出の部		
人件費①（スタッフ）	48,000 円	1,000 円×2 時間×2人×12 回
人件費②（講師）	60,000 円	5,000 円×12 回
会議費（会場使用料）	60,000 円	5,000 円×12 回
消耗品費	1,500 円	筆記用具、メモ用紙
通信費	2,500 円	電話代、郵送料
印刷費	3,000 円	チラシ、資料作成
食材費 ※対象外経費	48,000 円	コーヒー、紅茶、日本茶、菓子
合　計	223,000 円	対象経費の合計は 175,000 円

※このほか、開設時に自宅や店舗をカフェ風にリフォームする場合には、その費用も発生します。

08 カフェの年間計画はどうやってつくったらいいの？

年間計画は、事業計画と収支計画からなっている

❁ 認知症カフェという事業に関する年間計画を立てよう

　認知症カフェは、利用料（参加費）が無料であろうと安かろうと、事業であることに変わりはありません。営利事業でなくても、定期的に店を開くのであれば、年間の事業計画と収支計画を立てて事業内容や収支のチェックを行う必要があります。認知症カフェを認知症の人や家族の心の拠り所にしたいなら、無理のないしっかりとした計画を立てて長く続けていくようにしましょう。

❁ 年間の事業計画と収支計画にどんな項目を盛り込むか

　かなりの市区町村が、認知症カフェ開設・運営に関する助成金を用意しています。それを受けるには、年間の事業計画書と収支計画書の提出が必要です。事業計画書には、名称、開催主体、開催の趣旨、開催責任者の名前、開催場所、参加予定人数、開催日時、各回の概要などを記載します。また、収支計画書には、収入の科目別予算額と支出の科目別予算額（助成対象経費と助成対象外経費に分けて）を記載します。助成金を受けない場合でも、自分たちの活動の記録として、この２つの計画書をつくりましょう。

♣ 認知症カフェの年間の事業計画書の記入サンプル

＜20xx年度 認知症カフェ年間事業計画書＞

認知症カフェの名称	ほっとオレンジカフェ
開催主体	NPO法人なごみの輪
開催の趣旨（目的）	くつろいでもらうことで認知症の人や家族の不安を和らげ、適切なアドバイスをし、必要なら支援機関につなぐ
開催責任者	オレンジ花子
開催場所	喫茶室みかん（休店日に借用）
参加予定人数	20人程度
開催日時	回ごとの概要
4月14日 13:00～15:00	認知症専門医によるレクチャー、脳トレゲーム、おしゃべり（併行して専門職による相談）
5月12日 13:00～15:00	ケアマネジャーによるレクチャー、ミニコンサート、おしゃべり（併行して専門職による相談）
6月9日 13:00～15:00	作業療法士によるレクチャー、運動レクリエーション、おしゃべり（併行して専門職による相談）
7月14日 13:00～15:00	介護福祉士によるレクチャー、かるた大会、おしゃべり（併行して専門職による相談）
8月11日 13:00～15:00	消防署員によるレクチャー、防災クイズ、おしゃべり（併行して専門職による相談）
（以下省略）	

※年間の収支計画書については、Part1の「7．開設・運営費用はどうするの？」の右ページにある『20xx年度 認知症カフェ事業収支予算書』（記入サンプル）を参考にしてください。

Part1 認知症カフェの始め方（開設の仕方）

09 カフェの開設にはどんな手続きが必要なの？
多くのケースでは届け出などの手続きを必要としない

❀ 月数回開催の認知症カフェは、今のところカフェ未満の扱い

　本来、飲食店を開くときは、保健所や消防署、税務署への届け出が必要です。けれども、現在想定されている認知症カフェの福祉的・集会的な運営形態（お茶とクッキーなどの茶菓子を提供し、月1〜週1程度開催）では、届け出を求められないケースがほとんどです。市区町村が助成金を出す場合でも、茶菓の提供について衛生面への留意を促す程度に留まっています。ただし、常設に近い店の場合や一般の店に近い料金で飲食物を提供する場合は、税務署や消防署（収容人数などによる）に相談したほうがよいでしょう。

❀ ランチやデザートを提供するときは保健所に相談を

　月1〜週1程度の開催でも、調理を伴うランチやデザートを提供するケースでは注意が必要です。不特定多数の人にランチやデザートを出す場合は、事前に保健所に相談しましょう。既存のレストランやカフェを定休日などに借りて開くときは、保健所への届け出は済んでいるはずです。ただ、店のオーナーが運営に参加しない場合は、認知症カフェで食中毒などが起こったときの責任の所在や保健所への届け出について、オーナーと話し合っておく必要があります。

❖ 開設にかかわる手続きは、各関係機関に相談しよう

　飲食店を開く場合、本来なら食品衛生の観点からは保健所に、収益と納税の観点からは税務署に、防火の観点からは消防署（収容がスタッフを含めて30人以上）に届けを出さなければなりません（保健所関連では、食品衛生管理者講習の受講も必要）。ただ、現在想定される認知症カフェは、月1〜週1程度の開催で福祉的・集会的な運営形態であることが多いため、開設にあたって特別な手続き（届け出）を必要とするケースは多くありません。届けが必要かどうかわからないときは、関係機関に相談しましょう。

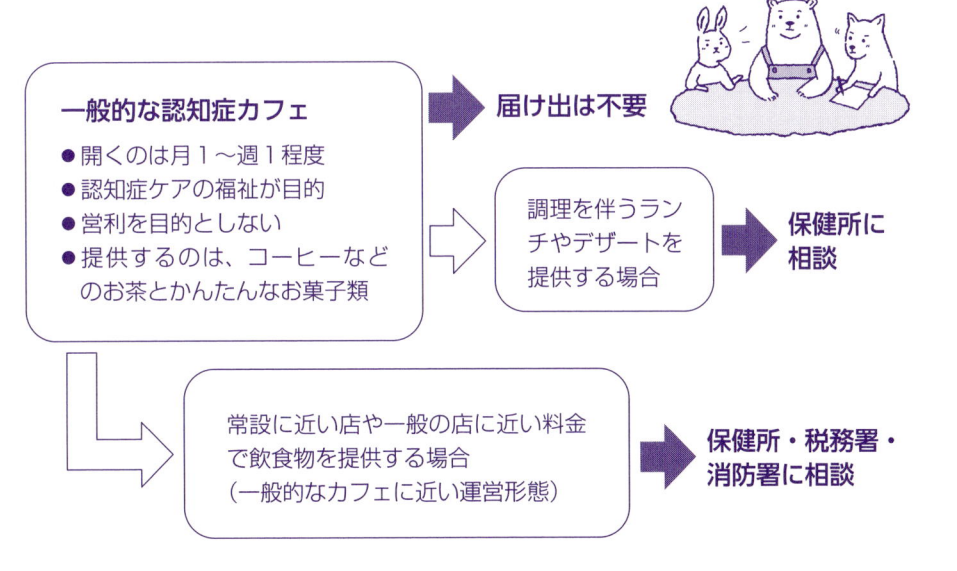

一般的な認知症カフェ
- 開くのは月1〜週1程度
- 認知症ケアの福祉が目的
- 営利を目的としない
- 提供するのは、コーヒーなどのお茶とかんたんなお菓子類

→ **届け出は不要**

調理を伴うランチやデザートを提供する場合 → **保健所に相談**

常設に近い店や一般の店に近い料金で飲食物を提供する場合（一般的なカフェに近い運営形態）→ **保健所・税務署・消防署に相談**

10 どんな備品が必要なの？

認知症カフェで使用する備品は、安全を第一に考えて

♣ 必要なものをリストアップ

　まず、カフェ開設に必要な備品をリストアップします。リストをつくるときは、開設に不可欠なものと、あったほうがよいものに分けて考えるとよいでしょう。お客さんにお茶を出すときのカップ類（コーヒー、紅茶、日本茶など用）やお菓子用の小皿は、思いがけないアクシデントのことも考えて、丈夫で割れにくいものを用意します。水用のカップもガラスではなく丈夫で重くない素材のもののほうがよいでしょう。取っ手つきの同じ陶器のカップを、水やお茶の種類ごとに色違いで揃えたりするのも、かわいいのではないでしょうか。

♣ 費用を抑えながらもセンスよく

　認知症カフェでは、備品に多くの費用をかけられません。カップなどを100均ショップで揃えるのもいいでしょうが、インターネットや雑誌で探せば、結構オシャレで安価な品物が見つかります。たとえば、テーブルクロスやカップなどの食器類はオシャレな割に値段が安い東南アジア系の雑貨店で揃えるのも1つの方法。お客さんにとって、自宅とはまた違った温かさは好ましいものです。心躍る雰囲気を、"オシャレな小物たち"に演出してもらいましょう。

♣ 認知症カフェに必要な主な備品

　手づくり感が漂うカフェであっても、日常色が強すぎては楽しさが半減します。オシャレな印象を与えるために、カップやテーブルクロスなどの備品は、ここにわざわざ足を運んでくれたお客さんのために特別に用意したという雰囲気を出しましょう。あまりお金をかけず、しかも趣味のよいカフェにするために、ここは少しがんばってみませんか？

不可欠な備品
- カップ類（水、コーヒー、紅茶、日本茶など用）
- お菓子用の小皿
- ティースプーンやフォーク
- コーヒーをドリップする道具
- ティーポット
- 茶こし　●急須
- まな板　●包丁
- お盆　●水切りかご
- 手鍋
- 食器の収納ケース
- 冷蔵庫（クーラーボックスでも代用可能）
etc.

あったほうがよい備品
- テーブルクロス
- 花を飾るための小さな花瓶
- ランチョンマット
- オーブントースター
- 床に置く看板
- メッセージボード
- 音楽プレーヤーとスピーカー
- お客さんの手荷物を入れるかご
- ホワイトボード
- 携帯用プロジェクター
- 手提げ金庫
- 資料を置く台またはラック
etc.

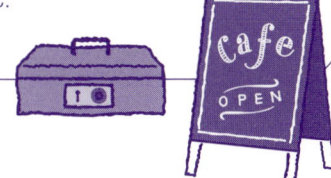

11 認知症カフェを地域の人たちに知ってもらうにはどうしたらいいの？

もっとも大切なのは必要とする人に情報が届くこと

❁ 潜在的な来店希望者に情報を届ける方法を見つけよう

　軽度認知障害（MCI）や認知症初期の人たち、そしてその家族にカフェのことを知ってもらうには、どうしたらいいでしょうか？　まずは、そういう人たちとの接点が多い地域包括支援センター、認知症外来のある病院や地域のクリニック、訪問介護事業所などに案内チラシを置いてもらい、折に触れてカフェのことを認知症の人や家族に伝えてもらいましょう。また、チラシを役所、公民館、図書館などに置いてもらい、市区町村の公報やホームページ、地域のミニコミ誌、独自のホームページなどを通じて積極的に告知しましょう。

❁ 協力スタッフを集めることも広報の仕事

　広報活動は協力スタッフになってくれる人を探す手段でもあります。案内チラシに協力スタッフ募集の一文を載せるとともに、社会福祉協議会などを通じて募集しましょう。福祉関係の学校に募集をかけるのも効果的です。その際は、協力スタッフとして働くことが、介護実習で出会う高齢者とは違う"要介護の手前にいる生活者"と触れ合う貴重な体験となることを知らせましょう。

❁ 認知症カフェの存在や中身を伝える方法は？

　認知症カフェを始めるにあたって、どういう人がどれくらい来てくれるのかはなかなか把握できません。開店してみたら、認知症カフェを必要とする人よりサポーターのほうが多かったというのでは、本末転倒。認知症カフェを本当に必要とする人に確実に情報を届ける方法を考えましょう。また、チラシには、文字の大きさやレイアウトを工夫して、認知症の人やその家族が優先だということがわかるようにしましょう。

軽度認知障害（MCI）や認知症初期の人とその家族に認知症カフェのことを紹介してもらう

- 役所の認知症関連部署
- 地域包括支援センター
- もの忘れ外来や認知症外来のある病院
- 地域のクリニック（歯科も含め科を問わない）
- デイサービス事業所
- 訪問介護事業所
- 訪問看護ステーション

etc.

ポスターを貼ったり案内チラシを置いたりしてもらう

- 公民館
- 図書館
- 町内会や自治会の集会所
- 社会福祉協議会
- 美容院や理髪店
- 書店や酒店
- スーパーマーケットやコンビニエンスストア
- ファミリーレストランやファーストフード店

etc.

Part 1　認知症カフェの始め方（開設の仕方）

豆知識

認知症カフェの寄付サポーターを募ってみては？

オランダのアルツハイマーカフェの運営資金の大半は、約30,000人の募金活動専門ボランティアが集める寄付によって賄われています。この仕組みをヒントに、日本でも認知症カフェごとに寄付サポーターを募ってみてはどうでしょう？ ここで言う寄付サポーターとは、寄付を集める人ではなく、毎月少額（100円単位）の寄付をすることでカフェを支える支援者のこと。50人のサポーターがいれば、1人月100円としても月に5,000円の寄付が集まります。「ボランティアとして手伝う時間はないけれど、近隣の認知症カフェを支えたい」という人を見つけることも、カフェの大切な活動の1つではないでしょうか。

Part 2
認知症カフェの続け方（運営の仕方）

2014（平成26）年から認知症カフェの数が急速に増えてきていますが、せっかく開設しても続けていかなくては意味がありません。カフェを長く続けていくコツは、運営メンバー（店長と運営スタッフ）と協力（ボランティア）スタッフに負担がかかりすぎないようにすること、そして認知症の人や家族の人たちに喜ばれ頼りにされるカフェになるように工夫と努力を重ねることです。このPartでは、どのように運営していけばそんなカフェにできるのかを、いろいろな角度から見ていきましょう。

01

認知症カフェを運営していくには どういうメンバーで何をすればいいの？

スタッフが助け合って魅力あるカフェを

❦ カフェを運営するスタッフは、店長・運営スタッフ・協力スタッフ

　認知症カフェをとり仕切るのは、カフェコーディネーターとも呼ばれる運営責任者、つまり店長です。まだ運営のガイドラインやマニュアルがない日本の認知症カフェでは、店長の考え方・働き方によってカフェの雰囲気が決まってきます。店長を仲間として支えるのが運営スタッフ。重要な実務を担う主要メンバーです。そして、カフェ運営に欠かせないのが、ボランティアを中心とする協力スタッフ。カフェ開催当日の準備や開店中のサービス業務の多くを担ってくれる頼もしい存在です。

❦ カフェスタッフの目標はお客さんに笑顔になってもらうこと

　カフェスタッフには、認知症の介護経験のある人や福祉系の学校で介護実習を経験した学生もいれば、何の経験もない人もいるでしょう。いずれにせよ、最初のうちはみんな、自分のしていることがこれでいいのだろうか、と不安に思うはずです。ですが、お客さんの笑顔が見られたら、それが答。カフェスタッフに共通する目標は、お客さんに笑顔になってもらうことです。

♣ 店長・運営スタッフ・協力スタッフの基本的な役割

　認知症カフェの店長にとって大事な仕事は、運営責任者の立場で運営会議や開店前・開店後のミーティングを開いてカフェをマネジメントすることです。運営スタッフは、カフェの進行状況を掌握しながら店内のさまざまな交流をアシスト。協力スタッフは、接客を中心に、楽しい話題で場の雰囲気を和ませる役割を担います。

☕ 運営会議
店長と運営スタッフが参加して、月1回程度、長期的な運営方針や次回のカフェのスケジュールについて話し合う。

☕ 開店前ミーティング
進行スケジュール、予約のあった相談者のリスト、来店予定の認知症の人たちの最近の様子などをスタッフ全員で共有する。

☕ カフェ開店中
店長、運営スタッフ、協力スタッフがカフェの開店中にすべき仕事については、Part2の「7. 開店中は何をすればいいの？」で詳しく説明しているので、そちらを参照。

☕ 閉店後ミーティング
最初にスタッフをねぎらい、次に参加者に対する感想、対応の反省点、次回への課題などを全員で話し合う。スタッフからの意見・要望があれば、応えられるかどうか検討する。

02 定休日以外は毎日開店するの？
認知症カフェは毎日開けばよいというものでもない

❖ カフェの必要度、運営コスト、カフェスタッフの負担のバランスを考える

　常設の店舗で収益を上げることを視野に入れて認知症カフェを開く場合は、ほぼ毎日開店することになるでしょう。けれども、認知症の人や家族を支援することが主な目的の場合は、月1回の開催を基本とし、利用者の要望が強いようであれば週1回の開催を検討するのがよいと考えられます。開催頻度は、カフェの必要度、運営コスト、カフェスタッフの負担のバランスを考えて決めましょう。

❖ 認知症カフェの開かれる日を"大事な日"と思ってもらえるように

　コンビニエンスストアのように"いつでも開いていて便利"という場も必要でしょうが、それは認知症カフェにとって最優先の課題ではありません。では、最優先の課題は、何でしょう？　それは、認知症の人や家族に本当の意味で喜ばれ頼りにされるカフェにしていくこと。回数を増やすことにエネルギーを使うよりも、月1回や週1回しか開かれないけれどその日は"大事な日"と、認知症の人や家族に思ってもらえるような魅力あるカフェを目指しましょう。

♣ 開店日数の多い少ないは状況しだい

認知症カフェは、開店日数が多いほどよいとも限りません。今はまだ過渡期。試行錯誤しながら、自分たちのカフェにとって最善の頻度を見つけましょう。

ほぼ毎日
- ○ 必要とする人にいつでも利用してもらえる。
- ○ 利用者の楽しみが増える。
- ○ 資料や店の備品を置いたままにしておける。
- × 経費がかかる。
- × 場所の確保がむずかしい。
- × 相談対応者やレクチャー講師の手配が大変。
- × 一緒に来る家族の負担が増える。
- × カフェスタッフの負担が増える。

週1回程度

月1回程度
- ○ カフェを本当に必要とする人に"大事な日"と思ってもらえる。
- ○ 運営コストが抑えられる。
- ○ 専門職の人たちの協力が得やすい。
- ○ スタッフの負担が少ない。
- ○ 協力スタッフが集まりやすい。
- × カフェというよりイベントに近い。
- × その日を逃すと長期間利用できない。
- × もっと行きたいという利用者の気持ちに応えられない。

03 カフェの運営財源を安定させるにはどうすればいいの？

認知症カフェを長続きさせるには財源確保と経費削減が必要

❁ 認知症カフェが根づくかどうかは運営財源しだい

　自治体直営以外の認知症カフェの主な運営財源は、主催者の自己資金、助成金、利用料です。しかも、助成金は、開設助成金や期限つきの運営助成金がほとんどで、これによってカフェを長く続けていける保証はありません。厚生労働省や自治体は、早急に、「継続的な運営助成金の用意」、「開設場所の無償提供」、「専門職の無償派遣」などの総合的な支援策を整備する必要があります。

❁ 資金が少ないなら支出を減らす！？

　運営費用の多くを占めるのは場所代、人件費、食材費です。運営資金が少ないとしても、食材費は削りたくないので、場所代と人件費を減らす工夫が必要。近年、問題になっている市街地の"空き家"や"シャッター商店街の空き店舗"を、維持する代わりに無償に近い金額で借りるのも１つの方法です。協力スタッフについては、多くのボランティアに登録してもらい、たまになら無償で手伝えるといった"多人数少時間"体制を整えるというやり方も。その場合は、協力スタッフに認知症に関して効率的に学んでもらう仕組みが必要です。

❀ 認知症カフェ運営資金の今後の課題

　認知症カフェは、今後ますます増えていきます。しかし、潤沢な寄付や補助金で運営されている海外の認知症カフェに比べ、日本の認知症カフェの運営基盤は非常に弱く、将来的に運営を長続きさせられるかどうかは不透明なままです。今後、運営資金を得る仕組みが出来ていくかどうかが、認知症カフェが長く存続できるかどうかの鍵を握っています。

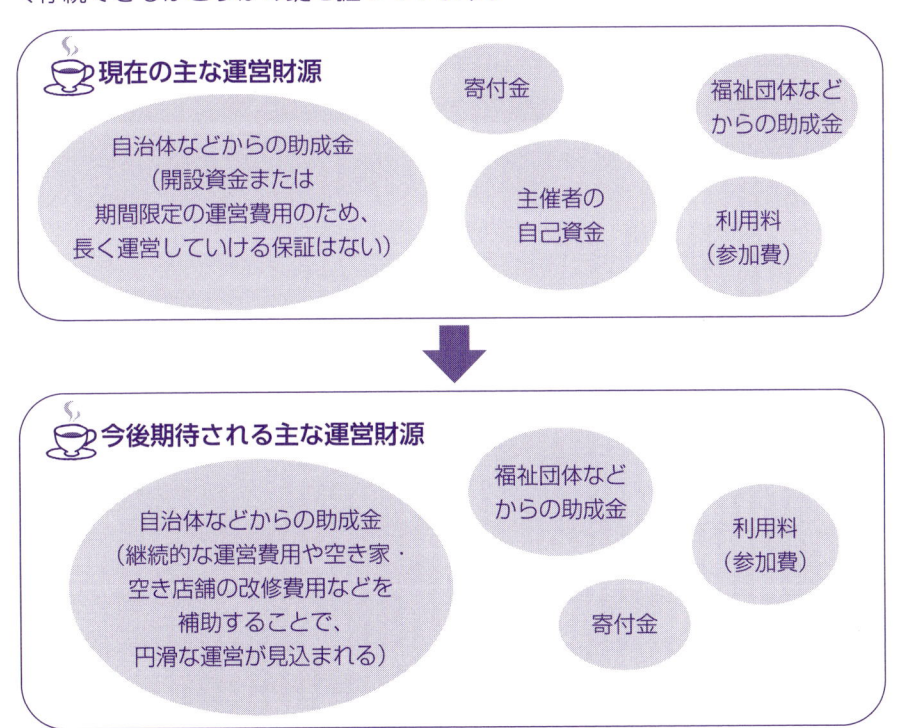

☕ 現在の主な運営財源

- 自治体などからの助成金（開設資金または期間限定の運営費用のため、長く運営していける保証はない）
- 寄付金
- 福祉団体などからの助成金
- 主催者の自己資金
- 利用料（参加費）

↓

☕ 今後期待される主な運営財源

- 自治体などからの助成金（継続的な運営費用や空き家・空き店舗の改修費用などを補助することで、円滑な運営が見込まれる）
- 福祉団体などからの助成金
- 寄付金
- 利用料（参加費）

Part 2　認知症カフェの続け方（運営の仕方）

04 カフェでは飲み物だけを出すの？

認知症カフェの基本は飲み物とお茶菓子

♣ お茶とお菓子で"カフェ"の雰囲気を演出する

　認知症カフェの一番の目的は、相談や交流にあります。だからと言って、適当にお茶を出しておけばいいというわけではありません。おいしそうなお茶とお菓子が運ばれてきたときに、オシャレなカフェのように、気分がフワッと和らぐことがとても大事です。認知症カフェで出されるのは、コーヒー、紅茶、日本茶などと軽めなお菓子類が一般的。基本はもてなしの心です。旅人にお茶やお菓子を振る舞うように、認知症という荷物を背負った"人生の旅人"もおいしいお茶とお菓子でもてなしましょう。

♣ ランチを提供する認知症カフェもある

　認知症カフェのなかには、ランチを提供したり、お弁当のもち込みを認めたりしているところもあります。理由は、長い時間一緒にいるにはお昼ご飯が必要、一緒にご飯を食べることで親密さを増したい、などいろいろ。ランチの提供には衛生面での注意も必要ですが、前向きに検討したいなら、ランチの日を設けて効果を見てみるとよいでしょう。ただし、ランチ代を払うのが負担、お弁当を用意するのが面倒、という声もあることを踏まえて慎重に考えましょう。

❦ カフェの基本メニューはお茶とお菓子

　認知症カフェの安らぎは、お茶とお菓子によってもたらされます。お茶が生み出すリラックス効果については心理学のテーマなどにもなっていますが、お菓子にも楽しさを演出するという大切な役割があります。お茶とお菓子でカフェにいるような楽しい気分になってくれば、自然と心配事を打ち明けたり専門家に相談したりしようという気持ちが湧いてくるはずです。

お茶とお菓子の効用
- 心が落ちつく。　● 緊張がほぐれる。
- "おいしい" という好感情が刺激されて楽しい気分になる。
- お茶を選ぶことでカフェ気分が味わえる。

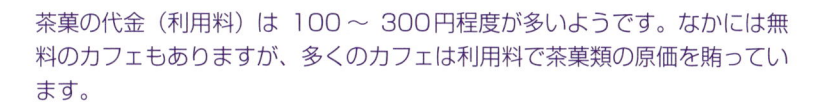

　茶菓の代金（利用料）は 100 〜 300 円程度が多いようです。なかには無料のカフェもありますが、多くのカフェは利用料で茶菓類の原価を賄っています。

ランチの効用
- 一緒に食事をすることで仲間意識が芽生える。
- カフェに長時間いられる。　● 食事の手間が省ける。
- カフェに来る楽しみが増える。

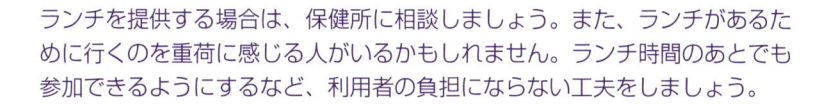

　ランチを提供する場合は、保健所に相談しましょう。また、ランチがあるために行くのを重荷に感じる人がいるかもしれません。ランチ時間のあとでも参加できるようにするなど、利用者の負担にならない工夫をしましょう。

Part 2　認知症カフェの続け方（運営の仕方）

05 お客さんの送迎はどうするの？
自分で来てもらうのが基本だが、場合によっては送迎も

❀ 認知症カフェは近所のカフェに行く感覚で立ち寄るところ

　認知症カフェは「誰でも気軽に立ち寄れるカフェ」であり、来たいと思う人が思いのままに訪れる開かれた場所。認知症カフェが街中にあるほうがよいというのは、そこに来る軽度認知障害（MCI）や認知症初期の人たちが普段歩いて（あるいはバスなどを少し使うだけで）出かけている生活圏のなかにカフェがあれば自力で行けるからです。そんなカフェで送迎が当たり前になると、デイサービスに行くのとそう変わらなくなり、"非日常を楽しむ"という自由さが失われてしまうでしょう。

❀ 個々の事情に柔軟に応えることが、もてなしの基本

　とはいえ、カフェがその地域の中心的な生活圏にない場合は、行きたくても自力で行けない人が出てきます。考えてみれば、自力で行けない人が誰かの車に乗せてもらって目的地に行くことはごく普通のことです。本当のもてなしとは、個々の事情に柔軟に応えること。送迎を必要とする人については、送迎ボランティアの活用も含め、柔軟に検討しましょう。ただ、送迎をする場合は、保険や安全対策などについてしっかり考えておく必要があります。

❦ 送迎を検討したほうがよいケース

　地域によってはカフェが交通の便の悪い場所にある場合もあります。そんなときは事情によって送迎してほしいという声が出るかもしれせん。送迎の可否判断や送迎する場合のルール、安全対策をしっかり考えておきましょう。

```
                    生活圏から離れていて
                    車での移動が必要な
                    場所にある認知症カフェ
```

- 認知症初期の夫と足の悪い妻 —送迎—
- 若年性認知症の夫と運転免許証をもたない妻 —送迎— …
- いつもは娘さんが車で一緒に来店するが、娘さんが都合で同伴できないときもある認知症初期の女性 —送迎— …
- 運転免許証を返納した一人暮らしの軽度認知障害の男性

Part 2　認知症カフェの続け方（運営の仕方）

06 毎回の開店準備はどんなふうにするの？
物事の成否は、準備段階でほぼ決まる

❀ 前日に準備すること

　開店日の前日には、まず、相談対応やレクチャーなどのために来てもらう人たちの予定と会場の予定を確認します。確実を期すために、それぞれの人に電話を入れておくのがよいでしょう。次に、店長と各スタッフの役割分担を決めます。そして、テーブルに飾る花、茶菓類などを、数量を確認しながら準備。生菓子を予約してある場合は、前日に店に電話で確認します。茶器やカップなどのカフェ備品を店長の自宅などに保管している場合には、会場にもっていく品名と数量をチェックしておきましょう。

❀ 当日に準備すること

　当日、店長とスタッフは1時間くらい前にカフェ会場に（生菓子を注文した場合はとりに行ってから）入りましょう。最初に、事前ミーティングを開いて、進行スケジュールと役割分担を確認し、参加予定者（利用者）に関する情報を共有します。次に、テーブルやイスをセットしたり、カップなどを洗ったり、クロスや花でテーブルをしつらえたり、お湯を沸かしたり、看板やメッセージボード、情報提供用のラックなどを整えたりします。

❧ 必要な情報を盛り込んだ『準備の手引き』をつくっておこう

　いつ誰が準備しても同じレベルでカフェが開けるように、下記のような『準備の手引き』をつくっておきましょう。

☕ 前日に準備すること

- 相談対応者、レクチャー講師、協力スタッフなどのリストを使って、当日参加してもらう人たち全員に確認の電話を入れる。
- 店長と運営スタッフで当日の進行スケジュールと役割分担の詳細を決める。
- 花や茶菓の数量を確認する（生菓子の場合は電話で予約の確認をする）。
- カップなどのカフェ備品を店長の自宅などに保管している場合は、会場にもっていく品名と数量を確認する。

☕ 当日に準備すること

- 生菓子を注文している場合は、会場に行く前にとりに行く。
- 事前ミーティングを開いて、進行スケジュールと役割分担を確認し、参加予定者（利用者）に関する情報を共有する。
- 店内の掃除をする。
- レクチャーの講師またはコンサートの演奏者と打合せをする。
- 相談対応者と打合せをする。
- カップ類を洗い、お茶やお菓子を出す準備をする。
- テーブルとイスを配置し、テーブルクロスや花でテーブルをしつらえる。
- 店の看板、店内に置くメッセージボード、資料提供用のラックを整える。

07 開店中は何をすればいいの？
進行スケジュールと役割分担に従うが、柔軟な対応も必要

❁ 運営会議で決めた進行スケジュールに従って進める

　認知症カフェの中身はさまざまで、おしゃべりやレクリエーションが中心のところもあれば、学習や相談に重きをおくところもあります。割と標準的な進行スケジュールは、「**茶菓の提供 ⇒ 開店のあいさつ ⇒ ミニレクチャーまたはミニコンサート ⇒ くつろぎタイム ⇒ ゲームやミニレクリエーション ⇒ おしゃべりや相談タイム ⇒ 閉店のあいさつ**」といったものです。店長は、月1回程度開催する運営会議で決めたスケジュールどおりに進んでいくように気を配り、ときには柔軟な対応をする必要もあります。

❁ 店長、運営スタッフ、協力スタッフが役割分担に従って働く

　前日に決めた役割分担に従って、カフェスタッフはお客さんたちが気持ちよくすごせるように仕事を進めます。店長の主な仕事は、開店あいさつ、ミニレクチャーやミニコンサートなどの司会、会場全体への目配り、閉店あいさつなどです。運営スタッフは、利用料金の徴収、席への案内、認知症の家族どうしの交流の橋渡し、協力スタッフのアシストなどが中心的な仕事。協力スタッフは、茶菓の提供、利用者との対話、トイレへの案内などを担当します。

🌸 店長、運営スタッフ、協力スタッフは役割を分担しながら相互にカバーし合おう

　店長、運営スタッフ、協力スタッフは、仕事を分担しながら相互にカバーし合い、切れ目のないサービスを提供しましょう。

☕ カフェ開店中にすべき仕事

＜店長の主な仕事＞
- 開店のあいさつをし、注意事項を伝える。
- ミニレクチャーやミニコンサートなどの司会をする。
- 会場全体への目配りをする。
- 閉店のあいさつをし、次の会の告知をする。
- 必要に応じて運営スタッフや協力スタッフの仕事を手伝う。

＜運営スタッフの主な仕事＞
- 利用料（参加費）を受けとる。
- お客さんを席へ案内する。
- 認知症の家族どうしの交流の橋渡しをする。
- 相談の要望がある人を相談対応者のところに連れて行く。
- 必要に応じて協力スタッフの仕事を手伝う。

＜協力スタッフの主な仕事＞
- 茶菓を提供する。
- 茶菓のお代りの要望に応える。
- 利用者と必要に応じておしゃべりをする。
- 利用者をトイレに案内する。
- 必要に応じて運営スタッフの仕事を手伝う。

08 人材や資金の管理はどうしたらいいの？
スタッフや協力してくれる専門職の情報と資金の管理が運営の要

❀ 名簿の管理には注意が必要

　主催者側に関係する人たちには、店長を含む運営スタッフ、協力スタッフ、それに相談に対応してもらう専門職（認知症に詳しい医師、看護師、精神保健福祉士、介護福祉士、ケアマネジャーなど）といった人たちがいます。その人たちの情報は認知症カフェの大切な財産。きちんと整理し、店長が責任をもって管理しましょう。人材管理カードに、氏名、年齢、職業／学生、勤務先、住所（または職場の所在地）、電話番号、専門分野、資格、認知症ケアの履歴などを記入し、情報に変更があれば更新していきます。個人情報保護の観点から、住所や電話番号は連係番号をつけて別の紙台帳で保管してもよいでしょう。

❀ 収支報告書は助成金の取得にも必要

　収入と支出の記録は店長もしくは経理担当の運営スタッフが責任をもって行います。助成金を受ける場合には収支報告の義務があるので、入出金の際は店長など複数のスタッフで確認し、収支記録簿に正確に記入しましょう。また、現金を手提げ金庫ではなく専用の通帳で管理する場合は、主催者または店長の名義で通帳をつくり、通帳と印鑑は名義人が責任をもって保管します。

♣ 財産（人とお金）はしっかり管理しましょう

　認知症カフェの財産は人とお金です。相談に対応してもらう専門職やスタッフに関する情報と金銭の管理はカフェ運営管理の2本柱。人材管理カード、収支記録簿、預金通帳をしっかりと管理・保管して運営に役立てましょう。

☕ 人材に関する情報は認知症カフェの財産

- 氏名
- 年齢
- 性別
- 職業／学生
- 勤務先
- 住所（または職場の所在地）
- 電話番号
- 専門分野
- もっている資格
- 認知症ケアの履歴
- 特技
- 趣味

☕ 金銭の出し入れは複数で確認し、管理保管は1人が責任をもって！

<預金通帳・印鑑>
- 管理・保管は名義人が責任をもって行う。

<現金>
- 手元におく現金は通帳名義人が通帳から引き出し、出入金の際は、必ず複数で確認する。

※運営資金が少額の場合は、手提げ金庫や保管箱で管理してもよい。

<収支記録簿>
- 収入（助成金、寄付、利用料収入、主催者からの拠出金などの項目別に）
- 支出（会場賃貸料、食材費、交通費、スタッフや講師の食事代など）

Part 2　認知症カフェの続け方（運営の仕方）

09 ミニレクチャーの講師やミニコンサートの演奏者はどうやって探すの？

講師も演奏者も有志の人を見つけるのが基本

🌸 ミニレクチャーの講師は相談を担当する専門職の人脈から探す

　認知症カフェの「学び」の1つに、認知症に詳しい医師などを招いて開く勉強会形式のミニレクチャーがあります。講師は、普段から相談対応者として参加してもらっている専門職やその知り合い、最寄りの警察署や消防署などにお願いしてみましょう。質疑応答を交えてのレクチャーには、本とは違ったリアリティーがあります。このほか、テーマを決めて自主勉強会を開くのも、支え合う絆が生まれるよいきっかけになるでしょう。

🌸 ミニコンサートの演奏者は有志の人に頼むのが基本

　認知症に限らず、音楽が病気の人のケアによい効果をもたらすことはよく知られています。軽度認知障害（MCI）や認知症初期で心に不安を抱いている人も、音楽を聞くことで心が和み、穏やかに。ただ、認知症カフェでは、毎回演奏料を払ってコンサートを開くのはむずかしいため、交通費程度の謝礼で来てもらえる有志の演奏者を探すことになります。福祉施設に演奏に行くボランティア演奏者の情報を、社会福祉協議会などに問い合わせてみましょう。

❀ ミニレクチャーやミニコンサートで利用者に活力を

　質疑応答などを行いながら認知症について学ぶミニレクチャーや生の音楽を演奏するミニコンサートは、利用者の心に活力を与えてくれる栄養剤です。できれば交通費程度の謝礼で来てもらえるような講師や演奏者を探し、サポーター感覚で協力してもらいましょう。

☕ ミニレクチャーの講師の探し方
- 相談対応者として認知症カフェに協力してもらっている専門職の人たちにお願いする。
- 相談対応者の知り合いから探す。
- 役所の福祉関係の部署や地域包括支援センターなどから派遣や紹介をしてもらう。
- 地域のクリニックや病院のもの忘れ外来／認知症外来の医師に直接お願いに行く。
- 地域の医師会や看護師会に相談する。

☕ ミニコンサートの演奏者の探し方
- 社会福祉協議会や役所の福祉関係の部署などに問い合わせる。
- 地域のデイサービスや高齢者施設などから音楽ボランティアを紹介してもらう。
- インターネットなどで有志の演奏者を探す。
- カフェの案内チラシやホームページで有志の演奏者に協力を呼びかける。
- 地域の広報誌やミニコミ誌の告知板に募集広告を出す。

10 協力（ボランティア）スタッフとどんな関係を築いていけばいいの？

対等で思いやりのある関係を築くことが大事

❖ 熱意をもってカフェの趣旨を伝えることで協力（ボランティア）スタッフを集める

　ボランティアとは、ある活動の趣旨に賛同し、それを手伝うことでやりがいを感じ、効果への実感を前に進むエネルギーにしている人たちです。ですから、熱意をもってカフェの趣旨を伝えることで、"協力したい"と思ってくれる人たちを集めるというスタンスが大事です。どんな人たちが集まるかによって、認知症カフェの質やパワーが大きく変わってくるので、協力スタッフの募集・選定には特に力を入れる必要があります。

❖ 自由意思で動く協力スタッフに長く続けてもらうには？

　ボランティアは「やりがいがありそう……」が出発点。「このカフェの協力スタッフを長く続けていきたい」と思ってもらわなければ、認知症カフェは長続きしないでしょう。そう思ってもらうには、主催者側と協力スタッフの間に対等で思いやりのある関係を築くことが大切。良好な関係が出来てくれば、カフェの活動が円滑になり、中身の質も向上していきます。

❀ 協力スタッフに手伝ってもらうための基本的な流れ

応募してきた人と話をし、協力してもらうかどうか判断する
- 活動の趣旨を説明する。　●希望者の意思を確認する。
- 資格や特技など、認知症カフェに活かせる情報を収集する。
- その人がカフェの運営にとって必要かどうかを判断する。

⬇

オリエンテーションを開く
- 活動内容と協力してもらいたいことを具体的に説明する。
- 認知症に関する基礎知識と認知症の人への対応の仕方をレクチャーする。
- プライバシーや秘密保持に関する倫理を説明する。
- ボランティア活動保険に加入してもらう。
※この保険は1回加入すればボランティアのかけもちも可。有償（実費のみ支給する場合は無償扱い）の場合は保険適用外になるので注意が必要。

⬇

実際に働いてもらう
- 店長や運営スタッフが協力スタッフの様子を観察し、必要ならアシストする。
- ほかのスタッフやお客さんと笑顔で楽しく会話できるように、タイムリーにアドバイスやサポートをする。
- 慣れてきたら各自の裁量で柔軟に仕事をしてもらう。

⬇

閉店後にミーティングを行う
- スタッフの労をねぎらう。
- 感想や反省点、今後の課題や抱負などを話し合う。
- 協力スタッフが"やりたいことと違う"と言う場合や現状の仕事が向いていないと思われる場合は、本人の希望を聞きながら役割を適宜変更する。

Part 2　認知症カフェの続け方（運営の仕方）

11 カフェに集う人たちの交流はどう促したらいいの？

自然に交流が生まれる雰囲気づくりが大事

❀ 認知症の人と家族にとって居心地がよい場所にすることが第一

　お客さんどうしの交流は自然に任せるのが基本ですが、プライバシーを守る配慮も必要です。認知症にかかわることを根掘り葉掘り聞きたがり、聞かれた人たちを気まずくさせる人がいるかもしれないからです。悪気はないのでしょうが、認知症の人や家族が居心地の悪い思いをしたのでは、認知症カフェの意味がありません。「認知症については本人たちが自ら話すこと以外には深入りしない」という基本ルールを案内チラシや口頭でしっかり伝えましょう。

❀ カフェに集う人どうしの交流はピアアシストへと発展していく

　カフェを居心地のよい場所にする工夫を重ねていけば、そこに集う人どうしの交流が自然に生まれるようになります。特に認知症の人をケアしている家族どうしは互いに支え合う関係になっていくでしょう。こうした関係はピアアシスト（peer assist：同じような境遇の人たちが仲間意識を感じて支え合うこと）とも呼ばれ、信頼関係が深まれば、カフェ以外にも交流の場が広がっていくでしょう。

🌸 認知症カフェの交流の中心は認知症の人とその家族

　認知症カフェでは、お客さんどうしの交流は自然に任せるのが基本です。ただ、家族どうしで話がしたいようなときは、スタッフが上手に誘導しましょう。家族どうしのコミュニケーションが仲間意識をベースとしたピアアシストに発展していけば、支援の場としてカフェの存在意義がさらに高まっていきます。

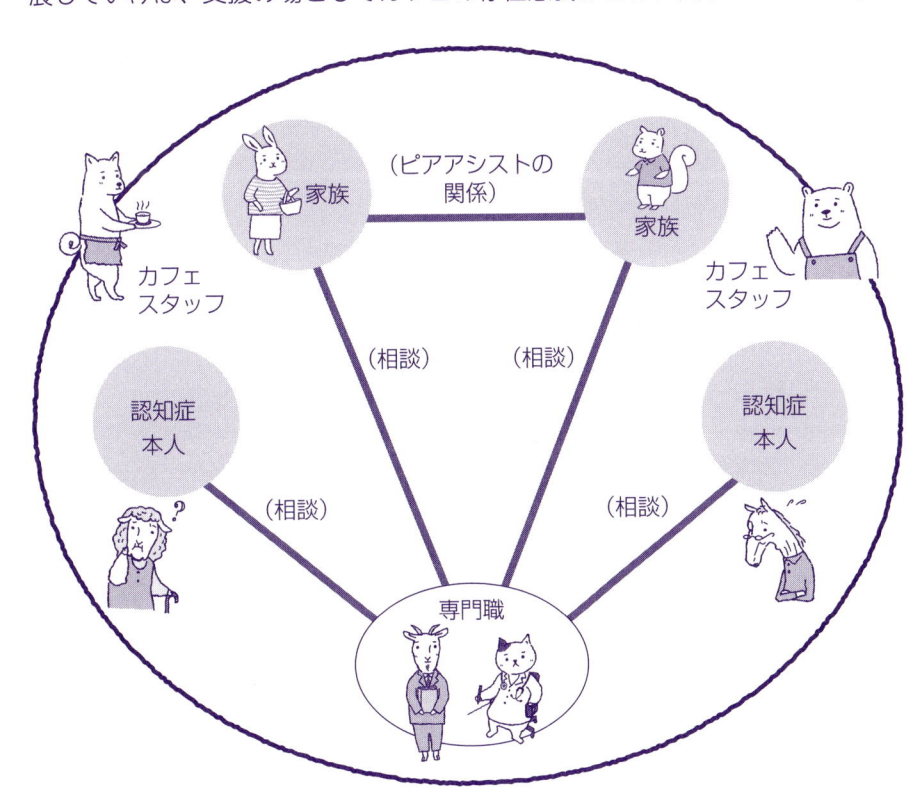

12 カフェでのトラブルを防ぐにはどうすればいいの？

大切なのはお客さんへの目配りと起こったことを記録・蓄積すること

❀ トラブルの発生を想定して利用者への目配りをする

　認知症カフェには専門職、スタッフ、家族など、認知症以外の人がたくさんいるので、基本的にあまり大きなトラブルは起こらないはずです。しかし、そうした環境の下でも何らかの対応を必要とするケースは出てきます。大切なのは、起こりそうなトラブルを想定して、認知症の人への目配りをすること。トラブルを想定した『トラブル対応マニュアル』をつくっておくとよいでしょう。

❀ 発生したトラブルを『トラブル対応マニュアル』に蓄積

　トラブルの再発を防ぐ意味で、認知症カフェで起こったトラブルとそれに対する対応を、最初につくった『トラブル対応マニュアル』に追加・蓄積していきましょう。軽度認知障害（MCI）や認知症初期の人たちがときにどんな行動をするのかを知っておくことが、トラブル防止に役に立つからです。発生する可能性が高いトラブルをマニュアルから抽出し、一覧表タイプの簡易版をつくるのもお勧め。これがあれば、経験の浅いスタッフも安心して認知症の人たちと接することができます。

❖ 起こりやすいトラブルを一覧表にまとめておく

『トラブル対応マニュアル』から起こりやすいトラブルを抽出して下記のような簡易版をつくっておくと便利です。※当事者の名前は匿名にします。

『トラブル対応マニュアル』簡易版

年月日	性別	年齢	出来事	対応	備考
20××年○月○日	男性	82	家族と一緒に来店した認知症初期のAさんが、誰も気づかないうちに、1人で帰ってしまった。	自宅に電話したが出ないので、スタッフが自転車で帰り道を探し、本人を見つけた。	家族と離れて座っていたため、退屈したらしい。認知症の人の出入りに注意すること！
20××年○月○日	女性	75	認知症のBさんが、となりの席のCさんのコーヒーを飲んでしまった。	Cさんに新しいコーヒーを出し、置く位置を少しずらした。	自分の領域がわかるよう、ランチョンマットの利用を検討！
20××年○月○日	女性	77	数人で話をしているうちに軽度認知障害のDさんのテンションが上がりすぎ、1人で延々と話し始めた。	スタッフが昔の写真集を出してDさんに話しかけ、注意を別のほうに向けた。	周りの人たちが少し不審に感じ始めたので、対処した。

※あとでわかりやすいよう、キーワードにマーカーを引いておきましょう。

065

豆知識

ケアラーズカフェって何？

2012（平成24）年4月に、常設のケアラーズカフェ（日本独自のスタイル）が東京都杉並区阿佐谷の商店街にはじめて誕生し、その後、各地に広がっています。ケアラーとは、家族などを無償で介護する人のこと。仕事を辞めざるを得ない、精神的・肉体的にきつい、経済的に苦しい、といった悩みを抱えるケアラーを支援したい、との思いから生まれたケアラーズカフェ。息抜きをしながらお互いに悩みを打ち明けたり相談したりする場を提供することが目的です。そこでは、介護に関するセミナーや相談会なども開かれます。認知症カフェとの違いは、ケアラーズカフェには認知症以外の人を介護する人も訪れることと、介護される人の参加を想定していない（例外もある）ことです。

Part 3
認知症カフェを魅力あふれる場・役立つ場にするために

認知症カフェを必要とする人たちにたくさん来てもらうには、「楽しいから行きたい」、「役に立つから行きたい」といった思いを後押しする"魅力"をつくり出さなくてはなりません。それには、日常的な温かみや親しみを保ちながら楽しくオシャレな雰囲気をつくることと、レクチャー、相談、情報提供などを通じて役立つ場にすることが大切です。このPartでは、認知症カフェの魅力を高めるさまざまな工夫を紹介していきます。

01 ちょっとワクワクするような異空間をつくろう

リラックスとほどよい緊張感がキーワード

❀ 自宅とはちょっと違う空間をつくろう

　認知症カフェは、リラックスできる場所でなくてはいけませんが、自宅にいるのと大差ないのでは、おもしろみのないただの認知症相談室になってしまいます。その場に日常とは違うワクワク感が漂っていれば、いい意味でちょっとだけ緊張し、いつもより社交的になれるはず。それは認知症の人にとってよい刺激となり、"お出かけを楽しむ"という、忘れかけていた気持ちを呼び覚ましてくれるでしょう。

❀ 居心地のよいオシャレ感を演出しよう

　日常より半歩先くらいのオシャレ感……。"自宅にないものがそこにある"といった、ちょっとうれしい発見が心地よいオシャレ感覚につながります。たとえば、「店内が清潔に整えられている」、「カラフルにコーディネートされている」、「すてきな小物が置いてある」、「スタッフの服装や言葉づかいからおもてなしの心が伝わってくる」、「店内にコーヒーのよい香りが漂っている」……。あなたの認知症カフェでは、どんな"オシャレ感"を提供できますか？

🌸 オシャレなカフェって、どんな感じ？

オシャレな雰囲気は、意外に小さなことから生み出されます。"ウチにはないちょっとうれしい発見"で、認知症の人の感性を刺激しましょう。

☕ 店内が清潔に整えられている
- テーブルやイスがきれいに配置されている。
- 掃除が行き届いている。
- 店内に不要なものが出ていない。
- 食器や道具類が清潔。

☕ 店内がカラフルにコーディネートされている
- カップ、小皿、ランチョンマット、テーブルクロス、スタッフのエプロン、メニューボードなどがカラフルにコーディネートされている。

☕ すてきな小物が置いてある
- テーブルクロスのセンスがよい。
- オシャレなランチョンマットがある。
- カップ、小皿、スプーン、フォークなどの形がいい。

☕ スタッフの服装や言葉づかいからおもてなしの心が伝わってくる
- 身だしなみがよい。
- お揃いのすてきなエプロンやTシャツを身につけている。
- 笑顔がすてき。
- 基本的に敬語で話す。
- 話し方に親しみがある。
- 人によって態度を変えない。

☕ 店内によい香りが漂っている
- コーヒーやフルーツティーなどを香り高くおいしく淹れる。
- コーヒーは注文ごとに淹れる。
- 店のなかに飲み物やケーキのおいしそうな香りが漂っている。

02 カップやランチョンマットなどの小物でオシャレ感を出す

小物の底力を巧みに引き出そう

❧ 魅力ある小物で、「ステキ」と感じる小さな感動を呼び起こす

　認知症の人は、どんな小物がいいと思うか聞いても答えられないかもしれません。でも、目の前にステキなものが現れたら心が動くはずです。きれいなカップや小皿を出したときに、「ステキね」と言ってくれる人がいればしめたもの。ランチョンマットを毎回違うものにするのも、非日常性の演出に役立つでしょう。また、色やデザインに凝ったメッセージボード（床置き型、卓上型など）をうまく使えば、いいアクセントになります。カフェの小物たちに、認知症の人の潜在的な感動や願望を目覚めさせる役割を担ってもらいましょう。

❧ スタッフエプロンをつけて主催者気分を味わってもらおう

　多くの認知症カフェでは、スタッフがお揃いのオシャレなエプロンをつけます。これはカフェの雰囲気づくりには役立ちますが、スタッフとお客さんを分ける垣根にもなります。カフェでは認知症の人がお手伝いを申し出てくれることもあるので、そんなときはこのスタッフエプロンをつけてもらってはどうでしょう？"主催者気分"になれれば、きっと楽しさが増すことでしょう。

❀ 小物たちに名脇役になってもらおう

　カフェに置かれている小物は、お客さんの心に小さな感動を呼び覚ます名脇役。どんな役割を演じてもらうのがいいか、考えてみましょう。

> 使うカップのなかに、1つだけかわいいイラスト入りの"あたりカップ"を混ぜてみる。

> ランチョンマットの色や形を毎回違うものにする。

> 紙製のランチョンマットに、それぞれ違うウエルカムメッセージや一行詩を書いておく。

> 色とりどりのコースターや動物のキャラクター入りのコースターを用意しておき、好きなものを選んでもらう。

> その日にカフェを手伝ってくれる来店者にスタッフエプロンをつけてもらう。

> 立て看板型・壁かけ型・写真立て型などのオシャレなメッセージボードを上手に使って、カフェ気分を盛り上げる。

> テーブルの花に花の名前と花言葉を書いておく。

03 芳しい香りで非日常の空間を演出する
香り高い飲み物で脳を活性化させよう

♣ カフェの主役は香り高いコーヒー!?

　コーヒーのよい香りはカフェの好感度を高めるだけでなく、嗅覚を刺激して脳を活性化します。できればドリップで注文ごとに淹れたいものです。ドリップで淹れても原価はそれほどかからず、光熱費などを入れても1杯50円程度。使う道具も、ドリッパー、ペーパーフィルター、サーバー(コーヒーを受ける目盛つきの耐熱ガラスポット)、ポット(ヤカンを使用する場合は注ぎ口が細めのものを)と、手軽です。スタッフなら誰でもドリップでコーヒーが淹れられるよう、基本的な淹れ方をスタッフ全員で練習するのもいいでしょう。

♣ 香り高い変わり種の紅茶もお勧め!

　香りを際立たせるなら、紅茶にいろいろなフルーツを入れて香りを移したフルーツティーや、ハーブや香りのよい花が入った変わり種のフラワーティーがお勧めです。さまざまな変わり種の紅茶のティーバッグが販売されているので、そうしたものを利用してもよいでしょう。紅茶があまり好きではないという高齢者にも、よい香りがする華やかな紅茶なら気に入ってもらえるのではないでしょうか。

🌸 香り高いコーヒーの淹れ方

❶ お湯を沸かして90〜95℃度程度に冷ます。
　※熱湯は不可。サーバーの温めも兼ねて、沸かした熱湯をポット⇨サーバー⇨ポット⇨サーバー⇨ポットの順に移し替えるとほぼ適温になる。

❷ ペーパーフィルターをセットしたドリッパーにコーヒーの粉（中挽き約10g／1人）を人数分入れ、ドリッパーをサーバーの上に置く。

❸ 粉がふっくらとするまで少しずつ湯を注ぎ、30秒ほどおいて粉を蒸らす。

❹ 粉の真ん中に湯をゆっくり注ぎ、途中から小さな"の"の字を描くように注ぐ。

❺ サーバーの目盛を見て、人数分（1杯150cc）の量が抽出されたところでドリッパーをサーバーから下ろして完了。
　※安定した味と濃さを出すには、出来上がりの量を一定にすることが肝心。出来上がりを案分して注ぐ湯量を調節するのではなく、抽出されたコーヒーの量が定量に達したところでドリッパーを下ろすのがコツ！

🌸 おいしいフルーツティーの淹れ方

❶ 温めたティーポットに紅茶の葉（茶さじ1杯／1人）かティーバッグを人数分入れ、そこに人数分の熱湯（1杯150cc）を勢いよく入れて、ポットを乾いたタオルなどで保温しながら2〜3分待つ。

❷ 茶葉やティーバッグをポットから出し、控えめに砂糖を入れる。

❸ 季節のフルーツ数種類を適当にカットして紅茶に入れ、ポットを乾いたタオルなどで保温しながらフルーツの香りと味をなじませて完成。

04 健康によい漢方茶やハーブティーをメニューに加える

"健康によい"という気持ちが効果を増幅させる

❀ 高齢者に人気の漢方茶

　老化防止やもの忘れ防止に効果がある漢方茶は、高齢者に結構人気が高いようです。ただ、どれがよいのかよくわからない、という話もよく聞きます。そこで、効果が高いことが実証されている漢方茶をメニューに加えてみませんか？　楽しくおしゃべりしながら体によい漢方茶が飲めれば、カフェに行くのが楽しみになるでしょう。生姜茶、ナツメ茶、クコ茶、五行茶、もの忘れに効くとされるイチョウ葉茶などの漢方茶はティーバッグも市販されています。

❀ 心身をリラックスさせるハーブティーに親しんでもらおう

　ハーブティーは認知症に効果があると言われていますが、高齢者が興味を示すことは少ないようです。ですが、カフェのような異空間で、香りに癒され効能の説明を受けながら飲めば印象も変わってくるはず。ハーブは、春先に苗を買ってきて植えればプランターでもよく育ちます。スタッフが育てて、生の葉を何種類か使った新鮮なハーブティーを出してみては？　生葉で淹れるハーブティーは香りもよく、人気メニューになるでしょう。

❖ ハーブティーによく使われるハーブとその効果

カモミール（花） ※ハーブティーに使えるのはローマン種とジャーマン種の2種。	● リラックス効果 ● 消化を促す効果 ● 利尿効果
レモングラス（葉） ※殺虫剤・除虫剤として使う種類もあるので、確認が必要。	● 胃腸の調子を整える（食欲増進）効果 ● 神経を鎮める効果 ● 風邪の初期症状を和らげる効果
ラベンダー（花） ※ハーブティーに使うのはコモンラベンダー。	● 神経を鎮める効果 ● 疲労回復の効果 ● 消化促進の効果
ミント（葉） ※アップルミント、パイナップルミント、ペパーミント、など。	● 消化を促す効果 ● 疲労回復の効果 ● 嗅覚を刺激し、脳を活性化する効果
レモンバーム（葉） ※ミントと交配しやすいので離して植えるのがコツ。	● 抗うつ効果 ● 発汗作用により風邪の症状を和らげる効果 ● 消化を促す効果
セージ（葉） ※ハーブティー用は、コモンセージ。大量に使わないよう注意。	● 血液循環を促進する効果 ● 抗酸化効果 ● 抗菌・抗ウイルス効果
ローズマリー（葉）	● 気分をリフレッシュさせる効果 ● 集中力を高める効果

❖ フレッシュハーブティーの淹れ方

❶ 生葉を適宜ブレンドして（粗くちぎり大さじ1杯／1人）ポットに入れ、熱湯（150cc／1人）を注ぐ。　※ドライの場合は生葉の1／4程度の量が目安。

❷ 3〜5分蒸らして出来上がり。　※好みでハチミツなどの甘味を加える。

Part 3　認知症カフェを魅力あふれる場・役立つ場にするために

05 参加者に喜んでもらえるお菓子を出す
お菓子は主役であるコーヒー・紅茶の共演者

❁ 郷土のお菓子で子ども時代の楽しい記憶を呼び覚ます

　認知症カフェでは、お茶類にクッキーなどの軽いお菓子を添えるのが一般的ですが、たまにはお客さんの郷土に古くからあるお菓子を出してみませんか？　認知症の人が昔に親しんだ郷土の味は、子どものころの遊びや友だち、家族や兄弟のことなど、いろいろな思い出を引き出すきっかけとなるでしょう。「今回はＡさんの生まれ故郷の岩手の"がんづき"を通販でとり寄せてみました。みなさんも召し上がってみてください」といったコメントとともに郷土菓子を出せば、本人はもちろん、ほかの人も興味をもつはずです。

❁ 茶目っ気たっぷり"駄菓子の日"

　認知症の人は懐かしいものに触れるとイキイキし、昔のことを次々に思い出すことがあるようです。そこで、認知症の不安を抱えて沈みがちなお客さんから童心に返ったような明るい笑顔を引き出すために、昔懐かしい駄菓子を出す日を設けてみてはどうでしょう？　ラムネ菓子、酢昆布、麩菓子、ポン菓子、ソース煎餅、きなこ棒といった全国共通の駄菓子をいろいろ食べるうちに、お客さんどうしの昔話が盛り上がることでしょう。

♣ 高齢者をイキイキさせる懐かしいお菓子の数々とプラスαの漬物

　昔ながらの駄菓子は、カフェのお客さんに子どものころを思い出させるきっかけを与えてくれるでしょう。認知症の人もそうでない人も、お菓子を通じて子どものころのさまざまな情景を思い出し、話の輪が広がるはず。また、プラスαで漬物をちょっと添えてみるのもいいかもしれません。昔懐かしい漬物も、思い出を呼び覚ます効果が高いからです。

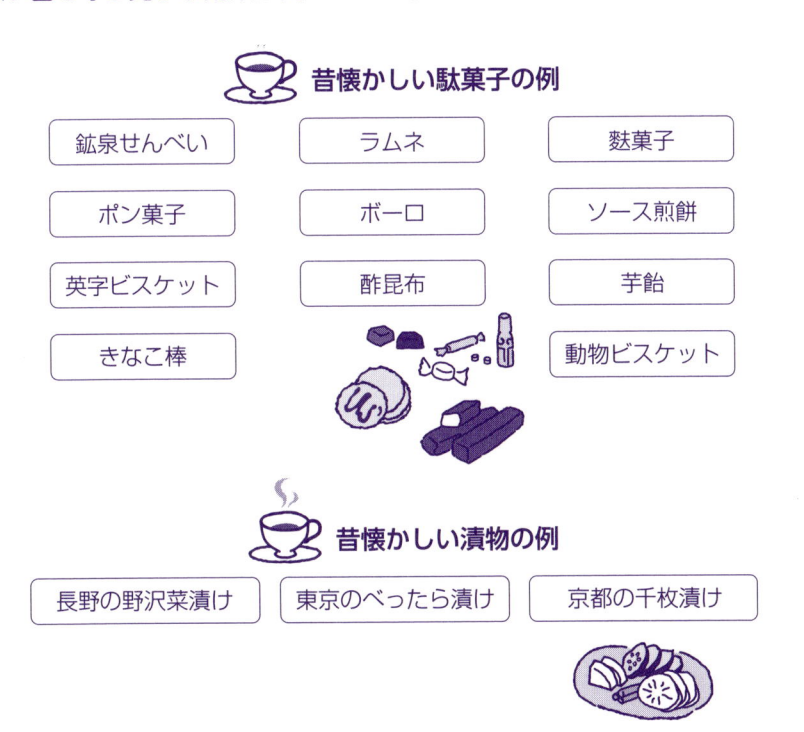

昔懐かしい駄菓子の例

- 鉱泉せんべい
- ラムネ
- 麩菓子
- ポン菓子
- ボーロ
- ソース煎餅
- 英字ビスケット
- 酢昆布
- 芋飴
- きなこ棒
- 動物ビスケット

昔懐かしい漬物の例

- 長野の野沢菜漬け
- 東京のべったら漬け
- 京都の千枚漬け

06 たまにはウキウキするような「洋／和スイーツの日」を設ける

地元の洋菓子・和菓子店にカフェのサポーターになってもらおう

❀ 華やかなケーキには格別なワクワク感がある

　年をとると、自分のために専門店にケーキを買いに行くことは少なくなります。でも、華やかなケーキが目の前に運ばれたら、女性でなくてもワクワクするはず。数ヵ月に1度、"洋スイーツの日"を設けてみませんか？　それには、地元でおいしいと評判の洋菓子店にサポーターになってもらうのがベスト。オーナーに認知症カフェの意義を伝え、材料費プラスα程度の金額で食べやすい小さ目のケーキを提供してもらえないか相談してみましょう。

❀ 地元の和菓子屋さんに見た目も美しい和菓子をつくってもらう

　和菓子は高齢者にとって割と身近なものですが、なかなか買いには行けません。そこで、彩鮮やかな「ねりきり」などを出す"和スイーツの日"を設けてはどうでしょう。認知症の人のなかにお茶を習っていた人がいたら、その日は臨時スタッフとして抹茶を点ててもらっては？　経験者を先生にして、希望者に抹茶を点てる体験をしてもらうのもいいでしょう。"和スイーツの日"と"抹茶の日"を融合させれば、"ハレの日"の気分を味わってもらうことができます。

♣ スイーツサポーターの協力でカフェをいつもとちょっと違う日に

年に1、2回、材料費プラスαの金額で本格スイーツを提供してもらえるよう、"負担は軽く気持ちは熱いスイーツサポーター"をお願いしてみましょう。"ハレの日"の演出には、評判の菓子店に協力してもらうのがベスト。

デパートに行くと、いつもケーキを買って帰ってきたものよ。

今日は"洋スイーツの日"！！
本日の洋スイーツサポーターは「パティスリーオレンジ」さんです。

夫が意外に甘党で、たまに仕事の帰りにケーキを買ってきたわ。

ケーキなんて久しぶり。娘が独身のころはよく一緒に食べに行ったわ。

亡くなった妻はケーキをつくるのが得意だったなあ。

今日は"和スイーツ＋抹茶の日"！！
本日の和スイーツサポーターは、評判の老舗和菓子店「みかん堂」さんです。

ねりきりなんて近くで買えないから、うれしいわ。

昔、母がお茶の先生をしていたので、こういう和菓子を見ると昔を思い出すよ。

抹茶を飲むの、何年ぶりかしら。

07

たまにはみんなで「洋／和のランチカフェ」を楽しむ

ランチを食べながら話すと普段とは違った会話が生まれる

❀ "シェフランチボックス"でピクニック気分を

　昼は脳が１日で一番元気な時間。そんなときに、ピクニック気分でランチを食べれば、気分が高揚してお客さんどうしの会話も弾むはず。できれば、ちょっとオシャレに"シェフランチボックスの日"を設けてはどうでしょう？　いくつかのレストランにカフェサポーターになってもらい、年に１、２回、材料費プラスαで彩り鮮やかでかわいらしいランチボックスを提供してもらうのがいいでしょう。熱意をもってお願いすれば、サポーターがきっと見つかります。

❀ 工夫を凝らせば、お茶漬けも人気ランチに！

　たまには、規格外のランチがあってもいいのでは？　たとえば、「お茶漬けランチ」。高齢者には、お茶漬けと言えば残りものでサラサラかき込むイメージがあるでしょうが、漬物、つくだ煮、そぼろなどを用意すれば、これも立派なカフェランチです。歯が弱い人用に漬物を細かく刻んだり、誤嚥(ごえん)しないようスプーンで食べてもらったりするなどの工夫は必要ですが、おいしいお茶漬けは、かしこまらずに楽しめる人気ランチになるでしょう。

❀ みんな一緒に楽しいランチ

「お昼の手間が省けるから喜ばれる」といった理由だけでランチを出すのは、少しさびしい気がします。「洋／和スイーツの日」と同様、楽しさやワクワク感を前面に出すようにしましょう。プロのシェフにサポーターとして協力してもらうか、知恵を絞って少しの手間で用意できるものにするのが長続きのコツ！

シェフランチボックスの日

おふくろの味のお弁当もいいものですが、たまにはレストラン仕様の、見た目もオシャレなおいしいランチはどうでしょう？ 地元のレストランに相談すれば、年に１、２回なら材料費程度の金額でランチをつくってもいいというところが現れるかもしれません。そんな店がいくつかあれば、"いつもと違う"カフェを年に何回か演出できます。

お茶漬けランチの日

東京や京都では、老舗漬物店の"お茶漬けランチ"や"漬物ランチ"が人気になっています。そういう店のお茶漬けは、漬物以外に味のアクセントになる何かがついています。家庭では手抜きランチの代表格であるお茶漬けを、いつもよりちょっとぜいたくでオシャレな"お茶漬けランチ"に変身させましょう。

08 BGMで脳をリラックスさせる
BGMは癒し系がよいとは限らない

♣ BGMで脳をリラックスさせて心をリフレッシュ

　認知症カフェでは、ミニコンサートを催したり、参加者全員で合唱したりするなど、音楽が重要な役割を果たしています。ただ、"カフェ"なのにBGMを流しているところは意外に少ないようです。会話のじゃまにならない程度の音楽は、ざわざわした感じを吸収して適度な静けさを醸し出してくれるもの。うるさいと感じない程度の音量で心地よい音楽を流すことで、脳をリラックスさせ、心をリフレッシュさせましょう。

♣ ジャンルにこだわらずに感性に訴える

　BGMに使う音楽はクラシックとか、ロックとか、ジャズとか……ジャンルにこだわる必要はありません。認知機能の低下に伴って鈍麻している感性を適度に刺激する曲を幅広いジャンルから探しましょう。たとえば、リズムで脳を刺激して気分を高揚させるラテン系の曲、心を鎮めて楽しい気分にしてくれるクラシックの名曲、魂を揺さぶるソウルミュージック、昔を思い出す小学校唱歌など……。そんな音楽を、天候、季節、時間などに合わせて流すようにすれば、お客さんにカフェの心地よさを味わってもらうことができるでしょう。

🌸 認知症の人の心と脳をリラックスさせるBGMを！

　会話のじゃまにならないBGMは、軽度認知障害（MCI）の人や認知症の人をリラックスさせてくれるでしょう。名曲集CDやYouTubeなどでいろいろな曲を聞いてみて、自分たちのカフェに合うものを見つけましょう。「元気が出る曲」、「心が落ちつく曲」、「楽しくなる曲」、「昔を思い出す曲」といったテーマを決めて、何曲かずつピックアップしておくのがよいでしょう。

- リズムやメロディーで心を元気にしてくれる南米の名曲
（「コンドルは飛んでいく」など）

- 心を落ちつかせ、リラックスさせてくれるクラシックの名曲
（「G線上のアリア」など）

- 魂をやさしく揺さぶってエネルギーを与えてくれるゴスペルの名曲
（「アメージンググレース」など）

- 心が軽く楽しくなるポップミュージックの名曲
（「トップオブザワールド」など）

- たまには団塊の世代に人気の高いビートルズの曲
（「イエスタデイ」など）

- 昔を思い出す小学校唱歌
（「夏の思い出」、「われは海の子」、「ふるさと」など）

※CD等をBGMに使う場合は基本的に著作権使用料を支払う必要がありますが、支払いが免除されるケースもあるので、詳しくは一般社団法人 日本音楽著作権協会（JASRAC）にお問い合わせください。
一般社団法人 日本音楽著作権協会（JASRAC）：http://www.jasrac.or.jp/

09 認知症の予防や症状緩和に役立つレクリエーションを企画する

"楽しかった"、"がんばった"、"効果がありそう"がキーワード

❀ レクリエーションは"楽しかった"が大前提

利用者のなかには、おしゃべりだけではもの足りないと思う人もいるでしょう。レクリエーションは、そんな気持ちを満足させるアクティビティの1つ。ゲームでもクイズでもコミカルな体操でもよいので、楽しさを第一に考えます。店に来たときはなんとなく沈んだ顔だったのが、レクリエーションが終わるころには上気した明るい顔になっている、というのが理想。「楽しかったよ」と言ってもらうことを目標に企画してみましょう。

❀ "がんばった"という達成感と"効果がありそう"という満足感

認知症カフェの趣旨を考えると、"楽しかった"のほかに、"がんばった"という達成感と"効果がありそう"という満足感が得られるのが理想です。軽度認知障害（MCI）や認知症初期の人の多くは、病気や生活に関する不安を抱え、気分が高揚することが少ない生活を送っています。レクリエーションに参加することで"ちょっと大変だけどがんばった"という達成感と、"予防や症状緩和に効果がありそう"という満足感が得られるように工夫しましょう。

❁ 認知症の予防や症状緩和に役立つレクリエーションの例

☕ 認知症の予防や症状緩和に役立つゲーム

『思い出しゲーム』の例

魚の名前あて ※魚の代わりに野菜や果物でもよい。	よく知られている魚（アジ、タイ、タコ、サンマなど）の写真や絵を見せて名前をあててもらう。「どんな食べ方がお好き？」といった突っ込みをするとよい。
玩具の名前あて	昔懐かしい玩具（けん玉、おはじき、竹とんぼ、コマなど）の写真や絵を見せて、名前をあててもらう。どんなふうに遊んだかを聞くのもよい。

『連想ゲーム』の例

「へえー」「ごもっとも」	たとえば「人生」と書かれたカードを見せて参加者に連想する言葉を言ってもらい、ほかの参加者には「へえー」か「ごもっとも」のカードをあげてもらう。進行係の楽しいコメントがカギ。

☕ 認知症の予防や症状緩和に役立つ手の体操

『反射神経刺激体操』の例

"おつまみ"ゲーム	進行係が「右手は左耳、左手は鼻」、「左手はアゴ、右手は右耳」などの指示を出して、参加者にやってもらう。「左はそのままで右手だけ左耳に」といった変則指示を入れるのもよい。

『脳血流改善体操』の例

"お願い離れて"ゲーム	参加者に胸の前で両掌を合わせてもらい、「人差し指だけ離す」、「中指と小指を一緒に離す」などの指示を繰り返す。隣り合わない指を一緒に離すのは難しいので、愉快なコメントを入れながら楽しく進める。

10 相談はプライバシーに配慮した個別の相談スペースで

必要に応じて認知症の専門医やケアマネジャーを紹介することも大事

❀ 専門職による相談対応は基本的に個室で

　認知症の人や家族の個人情報は、気軽に扱ってよい情報ではありません。「近隣の人は誰でも歓迎」は否定しませんが、その人たちが認知症の人や家族のプライバシーに勝手に踏み込むのは感心せず、それが近隣に広まっていくのは問題です。特に、専門職に相談する内容は、重要な個人情報として保護されるべきもの。専門職による相談対応は、基本的に個室または仕切ったスペースで行い、ほかの人たちに内容が聞こえないようにしましょう。

❀ 相談された問題が手に余る場合は適切な専門機関につなぐ

　専門職のなかには、自分の手に余る問題だと感じても、なんとか1人で解決しようとする人がいます。親切心の現れなのかもしれませんが、それでは、不安や心配を抱えて相談する人たちのためにはなりません。カフェの店長や運営スタッフは、専門職による相談対応の様子に目配りしながら、相談対応者が対応に苦慮している様子が見られる場合は、適切な専門機関につなぐよう上手に促しましょう。

♣ どんな専門職や機関につなげばよいのかを知っておこう

相談（質問）の要旨	つなぐべき専門職または機関
最近もの忘れが多くなったけど、大丈夫かしら？	認知症の兆候があれば、近隣のもの忘れクリニックか認知症外来をいくつか紹介する。
認知症かどうか大きい病院で検査したいんだけど……	近隣の病院の認知症外来か認知症疾患医療センターの相談窓口を紹介する。
認知症外来の先生が不親切で困っているんだけど……	近隣の別のもの忘れクリニックか認知症外来をいくつか紹介する。
近くのクリニックで軽い認知症と言われたけど、今後の治療はどこで受けるのがいいの？	要望に応じて、近隣のもの忘れクリニックや認知症外来、認知症疾患医療センターの相談窓口を紹介する。
クリニックで軽い認知症と言われたけど、今後のことはどこに相談すれば？	支援のことは市区町村の福祉関係の窓口か地域包括支援センター、治療のことは認知症疾患医療センターの相談窓口を紹介する。
家族が認知症のようだけど、どんな病院に連れて行けば？	要望に応じて、近隣の認知症外来か認知症疾患医療センターの相談窓口を紹介する。
家族が認知症のようで面倒を見るのが大変で……	市区町村の福祉関係の窓口か地域包括支援センターを紹介する。
認知症の家族をデイサービスに行かせたいけれど、どうしたらいい？	近隣の地域包括支援センター（認知症が軽度の場合）または居宅介護支援事業所（中等度以上の場合）を紹介する。

Part 3 認知症カフェを魅力あふれる場・役立つ場にするために

087

11 認知症の人や家族が必要とする情報を継続的に提供する

本当に必要な情報をタイムリーに提供することが肝心

❖ 必要な情報を必要な人に

　認知症の人と言っても、認知症の軽重や症状、一人暮らしかどうか、仕事をしているかどうかなどによって、必要な情報は大きく変わってきます。家族の場合も、必要な情報はそれぞれの事情によって異なります。認知症カフェでは、右ページに示すような情報を収集・更新して、それぞれの人の状況や要望に合わせて、適切な情報を提供するようにしましょう。

❖ 情報提供はタイムリーでなければ効果がない

　情報提供においては、タイムリーかどうかも重要です。たとえば、認知症の人や家族が参加したいと思うイベントのお知らせを、イベントの日の前日とか前々日にもらったら、どうでしょうか？　時間に余裕がありフットワークも軽い人にとってはタイムリーかもしれませんが、予定を組みながら生活している人や忙しい人には、"使えない情報"になってしまいます。認知症の人やその家族に情報をタイムリーに提供するには、個別の『情報要望カード』をつくり、タイミングを確認しながら情報を提供するのがよいでしょう。

❖ 認知症の人や家族に役立つ情報とはどんなもの？

下記のような情報を収集・更新し、必要に応じて提供するとよいでしょう。

必要な情報項目	準備しておくこと
市区町村の認知症支援や介護サービスに関係する窓口	役所によって担当する課の名前が異なるので、詳しく調べてリストをつくる。
地域包括支援センターおよび居宅介護支援事業所	両者の役割の説明資料と市区町村内の所在地・連絡先のリストをつくる。
認知症疾患医療センター	役割と所在地・連絡先の資料をつくる。
もの忘れ外来および認知症外来	医師会に問い合わせてリストをつくる。
病院やクリニックの認知症専門医（認定医）	医師会や専門学会のホームページで調べて専門医の所在地・連絡先のリストをつくる。
近隣の認知症カフェ（オレンジカフェ）	役所や地域包括支援センターに聞いて所在地・連絡先のリストをつくる。
認知症の支援に携わる専門職の名前と役割の一覧	認知症地域支援推進員、社会福祉士、介護支援専門員、精神保健福祉士などの役割表をつくる。
介護保険制度の概要	認知症の人に介護保険がどう適用されるかの概要を説明する資料をつくる。
認知症初期集中支援チームの概要	チームの目的、メンバー、支援内容などを説明する資料をつくる。

豆知識

緑茶とコーヒー、認知症予防効果が高いのはどっち？

緑茶に含まれるエピガロカテキン-3-ガレート（Epigallo-catechin-3-gallate）に、アルツハイマー型認知症の原因物質をとり除き、神経細胞を保護・修復する働きがあることがわかってきました。東北大学の辻一郎教授の研究グループは2006（平成18）年に、「地域に暮らす70歳以上の高齢者で調査研究を実施したところ、緑茶の摂取頻度が多いグループほど、認知障害のある割合が低く、1日2杯以上飲むグループの認知障害の有症率は、1週間に3杯までしか飲まないグループに比べ、54％低い。コーヒーについても、同様の調査をしたが、緑茶のような効果は認められなかった」旨を発表しました。2014（平成26）年に金沢大学の山田正仁教授の研究グループが同じような調査結果を発表していることから、緑茶とコーヒーの認知症予防対決は、どうやら緑茶に軍配が上がったようです。

Part 4
各地の認知症カフェ (オレンジカフェ)の事例紹介

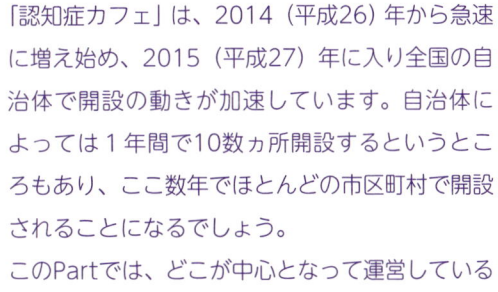

「認知症カフェ」は、2014 (平成26) 年から急速に増え始め、2015 (平成27) 年に入り全国の自治体で開設の動きが加速しています。自治体によっては1年間で10数ヵ所開設するというところもあり、ここ数年でほとんどの市区町村で開設されることになるでしょう。

このPartでは、どこが中心となって運営しているかによって、「地域包括支援センターが主催するカフェ」、「NPO法人が主催するカフェ」、「認知症の家族会が主催するカフェ」、「介護施設が主催するカフェ」、「医療機関が主催するカフェ」の5つのタイプの認知症カフェを紹介し、それぞれが地域でがんばっている様子をレポートします。

01 地域包括支援センターが主催するカフェ
「オレンジカフェ みんなの家・川越新宿」(埼玉県川越市)

♣ **グループホームを知ってもらうよい契機にも……**

　ここは、川越市に現在24ヵ所ある認知症カフェのうち、「地域包括支援センターみずほ」が民間の認知症対応型グループホーム「みんなの家・川越新宿」の協力を得て開いているもの。

　川越市の認知症カフェは、そのほとんどが地域包括支援センター主導で、「オレンジカフェ」の名で開催されている。開催場所は、上記以外にも、市民センター、公民館、特別養護老人ホーム、自治会館などがある。

　住宅地の真ん中にあるこのオレンジカフェには、思わぬ副産物も。「グループホームという施設がどんな場所なのかを、近隣の方たちに理解してもらえるようになったことです」と、「みずほ」センター長の讃岐敏明さんが話してくれた。こうした介護施設は、無断外出への安全対策やプライバシー保護の観点などから、内部の様子が見えにくい構造となっている。それがオレンジカフェのオープンによって地域

住民の多くがホームを訪れたために、両者の間に風通しのよい関係が生まれることになった。地域包括支援センターの職員と一緒にカフェの運営にあたっているホームの職員にとっても、ここは介護する入所者以外の人たちと接点をもつ貴重な場であり、そこでの交流は自分たちのモチベーションを高める原動力になっているようだ。

🌸 趣向を凝らしたオープニングでみんなの気持ちがひとつになる

オレンジカフェが開かれているのは、ホームの入所者が食事などで利用する日あたりのよい2階のホール。受付をしていた60歳代の女性は、「介護ヘルパーとして10年間働き、リタイア後に偶然このオレンジカフェを知って……」、協力（ボランティア）スタッフとして参加するようになったという。

この日の利用者は、軽い認知症の人、ホームに入所している人、面会に来た家族、近隣の住民、ケアマネジャー、民生委員など、約20人。軽い認知症の人の多くは自力で自転車を漕いでやってくる。利用者が参加費100円を払って席につくと、スタッフが注文をとって飲み物を運ぶ。おかわりは自由。3時には手づくりのおやつも出される。

この日のオープニングは、なんとホーム職員によるドジョウすくい。衣装を着けた職員が安来節のお囃子（はやし）にのって登場し、笑いと拍手に包まれてコミカルな踊りを披露した。

🏵 認知症の人もそうでない人も分け隔てなくカフェを楽しむ

　その後、テーブルごとに思い思いのおしゃべりが始まる。男性ばかりのテーブルでも話が弾んでいる。誰が認知症かということを気にする人はいない。1時間ほどおしゃべりしたあとは、恒例の歌の時間に。定番の「北国の春体操」でウォーミングアップし、大きな字で印刷された「懐かしの歌 歌詞カード」が配られた。電子ピアノの生演奏の下、「みかんの花咲く丘」や「四季の歌」などを合唱。ときどき前に出てスタンドマイクで美声を聞かせてくれる人もいる。団塊世代に人気のビートルズナンバー「オブラディオブラダ」をみんなで歌っていたのも印象的だ。

　介護や認知症について相談したい人がいれば、別室で専門職が随時相談にあたる。後日、改めて相談に応じることも可能だ。講師を招いてセミナーや勉強会を行うこともあり、前回、警察署員が行なった「オレオレ詐欺防止講座」には40人もの人が集まったとのこと。

　そうこうするうち、終了時間に。1人、また1人と帰っていくホールに、スタッフの演奏する「エーデルワイス」がやさしい音色で流れていた。

☕ カフェの基本情報

名称 オレンジカフェ みんなの家・川越新宿(あらじゅく)（2014年1月開設）

場所 グループホーム「みんなの家・川越新宿」／埼玉県川越市新宿町6-33-1

カフェの利用対象者 軽度認知障害（MCI）の人、認知症の人、家族、認知症に関心がある人、地域住民、など

開店日 月に1回／第4火曜日 14:00～16:00（平均利用者15人／回）

運営母体 地域包括支援センターみずほ
（みんなの家・川越新宿／（株）ウィズネットと共催）

開設準備にかかった費用 なし

年間の運営費用 約5万円（みずほの認知症カフェ運営費と利用料で賄っている）

連携している地域の機関・組織 地域包括支援センター、自治会、地域ボランティア

利用料（参加費） 100円

飲食メニュー 無料で飲み物（コーヒー、日本茶、ハーブティー、カルピスなど）とおやつ（たこ焼き、どら焼き、クレープ、ホットケーキなど、できる限り手づくりのもの）を提供

これまでに実施したミニコンサートやセミナー類 懐かしの歌合唱、認知症予防の食事（栄養士）、オレオレ詐欺防止講座（警察署員）、など

相談 随時、専門職（介護福祉士、ケアマネジャー、地域包括支援センター職員）が対応

運営・協力スタッフ ボランティア、介護スタッフ、地域の人、グループホーム入所者家族

広報活動 ポスター、チラシ

02 NPO法人が主催するカフェ
「認知症予防カフェ おれんじ」(東京都小金井市)

♣ カフェ開設前に「介護者サポーター養成講座」を開いて準備

　「認知症予防カフェ おれんじ」を主催しているのは、NPO法人UPTREE（アップツリー）。代表を務める阿久津美栄子さんがご自身のケアラー（家族などを無償で介護する人）としての体験を元に、介護家族を支援する目的でスタートさせたNPOだ。アップツリーは以前から「ケアラーズカフェ」を開いて介護に悩む家族に交流の場を提供してきたが、2014（平成26）年に認知症カフェを開くことで、交流の輪をさらに認知症本人や地域住民にまで広げることとなった。

　認知症カフェのオープンに向けて、アップツリーは精力的に動いた。なかでももっとも力を注いだのが「介護者サポーター養成講座」。認知症カフェはインフォーマルサービス（医療・介護保険による公的サービス以外の私的な支援・サービス）なくしては不可能と、カフェに協力してくれる市民を集めるために開いた講座だ。

🌸 議論を重ねて念願のカフェを開設

　4日間にわたる講座では、認知症や介護の基礎知識、傾聴の基礎などの講義のほか、認知症カフェについて考えるワークショップなども行われた。カフェにかかわると決めた人たちは、講座終了後もカフェ開設のために開かれる会合に熱心に参加し、場所探しやカフェの実施内容についてアップツリーの人たちと一緒に考え、決めていった。"認知症"という名称を使うかどうかについては全員でかなり議論したが、結局、隠す必要はないと、あえて"認知症"を残して「認知症予防カフェ おれんじ」に決定。

　ご夫婦ともにこのカフェの常連で、70歳代の夫が認知症と診断されているという女性は、「認知症という名前がついていたので、逆に来やすかったですね。自分で情報を探し求めなくても、ここに来ればいろいろ教えてもらえるので、とても安心できます。これからは認知症をもっとオープンにできる社会になってほしい」と話す。

🌸 カフェの会場は紆余曲折あって福祉会館に

　カフェ会場は小金井市福祉会館1階のふれ愛ギャラリー。席につくと、無料のお茶とお菓子が運ばれてくる。あちこちから親しげなおしゃべりの声が聞こえる。"お客さんがいい笑顔を見せてくれるよう心がけている"と言うサポー

ターの人たちは、認知症の人や近隣の高齢の人たちに話題を提供するのがとても上手だ。しばらくすると、気分転換も兼ねてハーモニカとギターの伴奏で歌の時間が始まった。ハーモニカを演奏するのは、このカフェに欠かせない存在となっているサポーターの男性。

　お昼には、持参したお弁当を食べる人が多い。この日は昼食の時間に「相続相談ランチ会」があり、参加者の1人が認知症の夫の遺言書を公正証書として残す方法を、みんなから少し離れたところで司法書士に熱心に聞いていた。

❀ ソフトテコンドーで心身をリフレッシュして終了

　午後は、ソフトテコンドー体操。高齢者でも参加できるようにイスに座ったまま行えるのがうれしい。参加者はトレーナーの巧みなリードで心と体をほぐしていく。カフェの1日が、このリフレッシュ体操で上手に締めくくられた。

カフェの基本情報

名称 認知症予防カフェ おれんじ（2014年10月開設）

場所 小金井市福祉会館／東京都小金井市中町 4-15-14

カフェの利用対象者 軽度認知障害（MCI）の人、認知症の人、家族、認知症に関心がある人、など

開店日 月に1回 10:30～14:00（平均利用者 15人／回）
※日程は事前にチラシなどで告知。

運営母体 NPO法人 UPTREE（アップツリー）

開設準備にかかった費用 なし

年間の運営費用 約10万円（自治体の助成金で賄っている）

連携している地域の機関・組織 地域包括支援センター、社会福祉協議会

利用料（参加費） 無料

飲食メニュー 無料で温かいお茶や一口サイズのお菓子などを提供
※昼食は各自持参か近くの飲食店で。

これまでに実施したミニコンサートやセミナー類 ギターとハーモニカの演奏、ソフトテコンドー、エンディングノートの書き方、相続相談、お薬の使い方、など

相談 希望があれば、専門職を随時紹介

運営・協力スタッフ NPOスタッフ、ボランティア、アルバイト

広報活動 ポスター、チラシ、ホームページでの告知

Part 4 各地の認知症カフェ（オレンジカフェ）の事例紹介

03 認知症の家族会が主催するカフェ
「オレンジサロン 石蔵カフェ」（栃木県宇都宮市）

♣ 家族の会の「つどい」は、振り返れば認知症カフェの先駆けだった

　「石蔵カフェ」は、認知症カフェを語るときに必ずと言っていいほど登場するところ。すでに多くのメディアで紹介されているこのカフェをあえて取材先に選んだのには、理由がある。それは、認知症カフェを意識せずにつくられた「石蔵カフェ」が、実は認知症カフェそのものだったからだ。その背景には、35年前に発足した「認知症の人と家族の会」が始め、多くの支部に広がっていった「つどい」の存在がある。この「つどい」は、家族だけでなく、認知症の人も交えて本音を言い合うという、ある意味、画期的な交流の場だ。

　「石蔵カフェ」の発端は、「認知症の人と家族の会」の会員（※同会は認知症本人も会員になれる）でもあり、60歳代半ばで若年性認知症を発症した杉村幸宏さん（写真左）の「働きたい。人の役に立ちたい」という切実な訴えにある。同会の栃木県支部代表世話人で「石蔵カフェ」のプロデューサー的な存在でもある金澤林子さんは、最初は杉村さんに農家の手伝いなどの仕事を紹介した。し

かし、すでに出来上がった場で働くのは大変なこと。そこで、杉村さんをマスターにカフェを開くことを思いついた。場所は、地元産の大谷石造りの蔵を改修した建物。折しも、地元の農家が蔵を市内の社会福祉法人に寄付し、それをカフェの日だけ無償で借りられることになったのだ。「認知症カフェは言葉としては知っていましたが、石蔵カフェを始めてから、これが認知症カフェなんだと実感しました」と、金澤さん。同会栃木県支部主催の認知症カフェは、その後「あん」と「えん」を加え3ヵ所になった。

❖ 地域の支援者や家族の会の会員に支えられて

オープンの11時を待たずして続々とお客さんが入店する。50席ほどあるフロアは、開店直後にすべて満席に。厨房では開店のだいぶ前から4人の協力スタッフがきびきびとランチの準備を進め、おいしそうな香りがあたりに漂っている。店内には地域の人や同会の会員がつくった野菜やケーキが格安の値段で並べられ、カフェに"買う楽しみ"をプラスしている。時間になると、マスターの杉村さんがスタッフと一緒に各テーブルを回り、ときに満面の笑顔を見せながらあいさつしていく。

テーブルごとにおしゃべりが始まり、ランチが運ばれてくると「おいしい」という声があちこちで挙がる。ウェルカムドリンク（日本茶＆お茶受け）は無

料だが、ランチやコーヒーなどの飲み物は注文制。ランチが終わるころ、ボランティアの人たちによるオカリナ演奏の音が、おしゃべりの声を縫うように店内に流れ始めた。

❀ 認知症の人と家族を支える場はどんどん広がっていく

　食事を終えた若年性認知症の女性と娘さん2人が、相談のために別室に案内されていった。「石蔵カフェ」は、若年性認知症の人が多く参加するのも特徴だ。家族の会でも、以前より若年性認知症の人が増えている印象とか。「今はITが普通になり、家電の操作などもむずかしくなったことで、若年性認知症の早期発見につながっているのかも……」と金澤さん。複雑になった日常生活は、認知症のスクリーニングという思わぬ役割を果たしているのかもしれない。

　閉店時間になると、オカリナによる「北の国から」のテーマ曲が流れ始めた。何人かの男性常連客が「じゃあ、"とまり木"で」と帰っていく。彼らは妻や親を介護する男性介護者の面々。「とまり木」とは、「石蔵カフェ」が主催する"男性介護者のつどい"だった。

☕ カフェの基本情報

名称 オレンジサロン 石蔵(いしくら)カフェ（2012年7月開設）

場所 蔵造りの一軒家／栃木県宇都宮市道場宿町1131

カフェの利用対象者 軽度認知障害（MCI）の人、認知症の人、家族、認知症に関心がある人、認知症専門職、地域の人、など

開店日 月に2回／第2木曜日 11:00～15:00、第3日曜日 13:00～16:00（平均利用者30人／回）
※このほか、石蔵カフェでは男性介護者のための「とまり木」も月に1回開いている。

運営母体 公益社団法人 認知症の人と家族の会・栃木県支部

開設準備にかかった費用 約20万円（改築費用などをカフェ管理者の個人資金で賄った）

年間の運営費用 約20～30万円（メニューの食材費は売上金で、そのほかは主に自治体の助成金や寄付で賄っている）

連携している地域の機関・組織 認知症を診察する病院、地域包括支援センター、他の認知症カフェ

利用料（参加費） 無料（ウェルカムドリンクつき）

飲食メニュー コーヒー（100円）、紅茶（100円）、手づくりケーキ（200円）、地元野菜中心のランチ（500円） ※料金はいずれも実費程度の金額。持ち込みも可。

これまでに実施したミニコンサートやセミナー類 オカリナ演奏、ケーナ演奏、地域に伝承する昔話、など

相談 毎回、相談の場を設けている（認知症に詳しい看護師、介護福祉士、ケアマネジャー、保健師が担当） ※認知症専門医と随時連携する体制が整っている。

運営・協力スタッフ 「認知症の人と家族の会」の会員、ボランティア、認知症本人、介護者家族

広報活動 役所ホームページでの告知 ※口コミで訪れる人も多い。

Part 4 各地の認知症カフェ（オレンジカフェ）の事例紹介

103

04 介護施設が主催するカフェ
「オレンジカフェ 今羽(こんば)」（埼玉県さいたま市）

❀ 地域のために何ができるか

　介護施設と地域の連携が重要だと言われて久しいが、それを実現させているところはそう多くない。「オレンジカフェ 今羽」を開催している「特別養護老人ホーム 今羽の森」は、地域との連携にいち早く向き合い、それを成功させてきた数少ない施設だ。そうした姿勢を根底で支えるのは、特養を経営する社会福祉法人永寿荘の「For The Community 〜地域の皆さまのために私たちが出来ること〜」、つまり地域の人たちのことを大切に考えるという理念。施設長の高橋康子さんは「介護が必要になるまで、施設がここにあることすら意識されない……それではいけないと思ったんです」と、自分たちのほうから一歩も二歩も歩み寄る仕掛けを考えてきた。そして、施設のもっている資源を活用して近隣の人が交流する場をつくりたいという法人の思いが、スタッフにもしだいに伝わっていった。
　最初の仕掛けは「ふれあいサロン」というカルチャーセンターのような集

い。1階の多目的ホールを会場に、特技や知識のある職員が講師になって趣味を中心とした多彩な講座を開いたのだ。施設オープンからほどなくして始まったこのサロンは、近隣の団地に昔から住む高齢者や新興住宅地に住む若いファミリー層に支持され、今でも多くの人に愛されている。そして、さまざまな交流の延長線上に「オレンジカフェ 今羽」が生まれた。

♣ 広々としたホールに穏やかな時間が流れる

「オレンジカフェ 今羽」の広々としたスペースには驚かされる。グランドピアノが置かれた会場（多目的ホール）には光があふれ、カフェ用の大テーブルをいくつかセッティングしても、まだ十分ゆとりがある。カフェには心地よいオルゴールの曲が静かに流れていた。オープンは自然体、入ってきたお客さんとスタッフとのあいさつからゆるやかにカフェが始まっていく。

参加費を払った人たちは、席を決め、慣れた様子でドリンクバーのコーナーに。そこにはコーヒーやジュースなど、約10種類の飲み物が準備してある。コーヒーサーバーの傍らには色とりどりのかわいいマグカップ。好きなカップを選ぶときの、ちょっとしたウキウキ感がうれしい。

思い思いのおしゃべりが始まると、車イスに乗った何人かの特養入所者が職員と一緒にカフェに現れた。入所者のための趣味の集いなどもあるが、オレンジカフェは地域のいろいろな人とおしゃべりできる貴重な機会。いつもと違う

Part 4　各地の認知症カフェ（オレンジカフェ）の事例紹介

105

雰囲気のなかで、コーヒーや紅茶を飲むのを楽しみにしている人も多い。そのなかに車イスのステキなご婦人がいた。不躾とは思いつつ、おしゃべりの途中で思わず「美人ですね」と言うと、95歳のその人は小さな声で「今日は来てよかったわ」と言い、目に涙を浮かべた。好感情を呼び覚ますことの大切さを実感する瞬間だった。

❀ 介護が終わった人たちの憩いの場にもなっている

　時折訪れるという70歳くらいの女性は、「今日は誰ともしゃべらなかったなぁ、と思ってやってきたんです」と、若々しい笑顔を見せる。外見からは、誰とも話をしない日がある人には到底思えない。単独で参加していた別の女性は、長年母親を介護していたという元介護者。ここには、親や夫の介護を終えた女性たちもやってくる。渦中の介護に不安を感じている人がそうした元介護者と話をすることで、ピアアシスト（共感し合う関係）が生まれていく。セミナーのない日のカフェは、すべての時間が実にゆったりと流れる。施設に併設された居宅支援事業所のケアマネジャーが少し離れたテーブルで相談に答えている姿も、周囲に溶け込んでいる。

　ここに来れば誰かがいる。年をとってだんだん自宅に引きこもりがちになる人たちにとって、ここは確かにオアシスになっていると感じた。

カフェの基本情報

名称 オレンジカフェ 今羽(こんば)（2014年7月開設）

場所 特別養護老人ホーム 今羽の森／埼玉県さいたま市北区今羽町 650-1

カフェの利用対象者 軽度認知障害（MCI）の人、認知症の人、家族、認知症に関心がある人、認知症専門職、地域住民、など

開店日 月に1回／第3金曜日 13:30～15:00（平均利用者 20人／回）

運営母体 特別養護老人ホーム 今羽の森（社会福祉法人 永寿荘）

開設準備にかかった費用 なし

年間の運営費用 約5万円（運営母体からの資金と利用料で賄っている）

連携している地域の機関・組織 地域包括支援センター、社会福祉協議会、自治会

利用料（参加費） 100円

飲食メニュー 無料でドリンクバー（コーヒー、紅茶、オレンジジュースなど）やお菓子（特養の管理栄養士による季節の手づくりデザートなど）を提供

これまでに実施したミニコンサートやセミナー類 認知症講座（ケアマネジャー、認知症介護指導員などが担当）、手軽にできる腰痛予防体操、折り紙、など

相談 毎回、相談の場を設け、専門職（居宅ケアマネジャー、特養職員、さいたま市認知症介護指導者、地域包括支援センター職員）が対応

運営・協力スタッフ 特養の介護スタッフ・職員、地域包括支援センター職員

広報活動 ポスター、チラシ、ホームページでの告知、ブログでの配信

Part 4 各地の認知症カフェ（オレンジカフェ）の事例紹介

05 医療機関が主催するカフェ
「しばさきオレンジカフェ」(東京都調布市)

❁ カフェのはじまりはいつもの認知症ミニセミナー

「しばさきオレンジカフェ」を開いたのは、かかりつけ医として地元の人たちから慕われていた父の診療所（西田医院）を15年前に引き継いだ西田伸一医師。大学病院の救急救命センターや海外の病院勤務などを経て地元に戻った西田院長は、患者の病気を治すだけでなくその人を支える必要性を感じたという。「父の代からかかっていた患者さんたちが、認知症やADL（日常生活動作）の低下によってだんだん病院に来られなくなり、社会からとり残されていく。そういう人たちをサポートするには、ただ座っているだけではだめだと思ったんです」と、西田院長はカフェ開設のきっかけを話してくれた。医療のことだけなら現在の往診で対応できるが、社会参加できなくなった人をサポートするには、別のやり方が必要と考えたのだ。カフェの主なお客さんは、西田医院の患者さんや元患者さん、それにカフェの会場がある団地のお年寄りたち。開店前

に、1人で来るのが大変そうな人を自ら戸口まで誘いに行く西田先生の姿を見ていると、「医は仁術」という言葉が想い浮かぶ。

　カフェのスケジュールはほぼ決まっている。最初に西田院長による「認知症ミニセミナー」があり、次にラジオ体操、そして、配られた歌詞カードの歌をみんなで合唱する歌の時間。それらをリードするのは、西田医院訪問看護部所属で認知症ケア専門士でもある佐藤佳子さんだ。この日のミニセミナーは「早わかり三大認知症」。80歳代の男性が、「認知症の人の脳には老人斑があるとか。私の手や顔には老人斑がたくさんあるので認知症は目の前ですか？」と質問し、「あくまでも脳の話で、手や顔の老人性色素斑とは無関係ですから、安心して」と先生が答えていた。このやりとりを、みんなにこにこしながら聞いている。

❀ 元気を分け合うお年寄りたち

　この日は、定例スケジュールの合間に、今年94歳になる岩元留喜さんが、「勘太郎月夜唄」に合わせて踊りを披露してくれた。小道具の刀と三度笠もきまって、やんやの喝さいを浴びる。一緒に参加し、笑顔で準備を手伝っていたのはお嫁さん。西田院長が日曜日の開催を強く望んだのは、こうして家族が一緒に参加できるようにするためだ。

　続いて、88歳の男性がバイオリンを演奏。90歳半ばの女性が演奏に合わせて「カチューシャの唄」を懐かしそうに歌っていた。ここではお年寄りが大変元気だ。ほとんど歩けず

車イスでやってきた人にも、自分の意志で参加した雰囲気がある。認知症の人もそうでない人も、みんな何かしら自分の意見をもっている。まるで元気をみんなで分け合っているようだ。

♣ いつかは常設の"居場所"を

合唱が終わると、おしゃべりタイムに。この時間は旧交を温めると同時に、大切な相談の場ともなる。認知症サポート医でもある西田院長が、変わったことはないか、困っていることはないかと、各テーブルを回って参加者一人ひとりに話しかけていく（写真下の中央が西田院長）。なかなか病院に行けない人にとって先生とじかに話せる貴重な時間だ。

西田院長の今後の夢は、地域のシャッター商店街の一角などを借りて常設の認知症カフェをつくること。今は認知症の早期発見がしきりに言われているが、診断・告知を受けてから支援につながるまでにはタイムラグがあるため、認知症と告知されると元気をなくして前向きに生きられなくなる人も少なくない。「この期間をしっかり支えるためにも、いつでも安心して立ち寄れる"認知症の人のための常設の居場所"が必要」と西田院長。この夢もきっと実現する日がくるだろう。

カフェの基本情報

名称 しばさきオレンジカフェ（2014年3月開設）

場所 都営柴崎1丁目アパート集会場／東京都調布市柴崎1-7

カフェの利用対象者 軽度認知障害（MCI）の人、認知症の人、家族、認知症に関心がある人、など

開店日 月に1回／第3日曜日 13:00～15:00（平均利用者20人／回）

運営母体 西田医院（医療法人社団 梟杜会）

開設準備にかかった費用 約8万円（テーブルとイスを運営母体の自己資金で購入した）

年間の運営費用 約4万円（運営母体の自己資金と利用料で賄っている）

連携している地域の機関・組織 地域包括支援センター、社会福祉協議会

利用料（参加費） 100円

飲食メニュー 無料で飲み物（コーヒー、カルピス、日本茶など）やお菓子、果物などを提供

これまでに実施したミニコンサートやセミナー類 西田院長による認知症ミニセミナー（毎回）、合唱（毎回）、体操（毎回）、アコーディオン演奏、バイオリン演奏、日本舞踊、など

相談 毎回、西田院長が中心となって相談にあたっている

運営・協力スタッフ ボランティア、社会福祉協議会職員、地域包括支援センター職員、西田医院スタッフ（訪問看護師、事務職、理学療法士、栄養士）

広報活動 ポスター、チラシ、ホームページでの告知

Part 4 各地の認知症カフェ（オレンジカフェ）の事例紹介

豆知識

MMSEはちょっとこわい!?

米国で開発されたMMSE（Mini-Mental State Examination）という認知症簡易テストは、満点が30点、22〜26点で軽い認知症の可能性があり、21点以下だと認知症が強く疑われるというものです。一見簡単な質問ばかりですが、たとえば、年・季節・月・日・曜日という質問項目のうち、勤め人でない人が日と曜日を正確に答えられるかどうか……。現代人の多くは、必要があればその都度携帯などを"見ればいい"、つまり"覚えなくていい"生活をしているので、答えられないから認知機能に問題があるとは言いきれないのでは？ このほかで気になるのは、100から7を順に引いていく計算問題。1回2回はなんとかできるでしょうが、3回目からは結構むずかしいかも。もし日と曜日を覚えていなくて2点、引き算の3〜5回目ができなくて3点減点されたら、それだけで軽い認知症の可能性ありに。もう1つの長谷川式スケールでは引き算が2回なので、ちょっと安心ですが。

Part 5
認知症の基礎知識 ～認知症を正しく理解しておくために

認知症カフェは、軽度認知障害（MCI）の人、認知症初期の人、その人たちの家族にとって、憩いの場であると同時に困り事や不安に思っていることを相談する場でもあります。ですから、カフェを運営する責任者やスタッフは、認知症に関する基礎知識を身につけ、認知症を正しく理解している必要があります。

この Part では、認知症予備軍とも言われる軽度認知障害（MCI）とは何か、認知症はどんな病気か、どんな症状が現れるのか、どのように診断がなされるのか、認知症ケアパスとはどういうものか、認知症の人と接するときに注意すべきことは何か、についてわかりやすく解説します。

01 軽度認知障害（MCI）について知っておこう

MCI（Mild Cognitive Impairment）は早期発見が大事！

❀ 軽度認知障害（MCI）とは

　認知症とは言えないけれど認知機能に軽度の障害がある状態を指し、認知症の臨床医が用いる「臨床認知症評価尺度」（正常：0、疑いあり：0.5、軽度：1、中等度：2、重度：3）の「疑いあり：0.5」に相当します。MCIは、アルツハイマー型認知症へと進むことが多い「健忘型」と前頭側頭型認知症やレビー小体型認知症に進むことが多い「非健忘型」に分類されます。健忘型は記憶障害が特徴、非健忘型は失語や失行などの症状が特徴です。

❀ MCIかどうかを判断するためのチェック項目

　次の5つのチェック項目がすべてあてはまる場合に、MCIと判断されているようです。

- 本人や家族から記憶障害の訴えがある。
- 年齢や教育レベルだけでは説明できない記憶障害がある。
- 記憶障害以外の認知機能はほぼ正常である。
- 日常生活に問題はない。
- 認知症ではない。

♣ MCIは認知症に移行する？

　MCIは老化による単なる記憶障害とは区別され、進行性とされています。1年で10％程度、4年で約半数が認知症（主にアルツハイマー型）へ移行すると言われます。この数値は、通常の健常高齢者の発症が、年1〜2％であるのに比べるとかなり高い数値です。MCIになっても必ず認知症に移行するわけではありませんが、半数以上が認知症の予備軍であることは間違いありません。

♣ MCIの早期発見と認知症の予防

　大切なのは、もの忘れ外来や認知症外来に行って検査を受け、MCIをできるだけ早く見つけることです。この段階で適切な治療、生活改善、機能訓練などを行えば、何割かは正常レベルに戻すことが可能という報告もあります。早期発見を心がけるとともに、認知症を予防する効果のある生活習慣を身につけましょう。

予防効果のある生活習慣	具体的な例
食習慣を改善する	野菜を中心に、魚、豆腐、乳製品、肉をバランスよくとる
適度な運動を継続する	毎日、無理のない程度に有酸素運動を続ける
適度な睡眠をとる	早寝早起きを習慣にし、朝日を浴びる
人と積極的に交流する	気の合う友人たちと楽しくおしゃべりする
知的体験をする	本を読む、文章を書く、脳トレゲームをする、音楽会や美術展に行く

02 認知症を医学的に理解しよう
認知症の主要なタイプと各タイプの原因・症状・接し方

❀ 認知症とは何か

　政府広報オンラインには、「認知症は、老いに伴う病気の１つで、さまざまな原因で脳の細胞が死ぬか働きが悪くなることによって、記憶力・判断力の障害などが起こり、意識障害はないものの社会生活や対人関係に支障が出ている状態（およそ６ヵ月以上継続）」と定義されています。

❀ 認知症の主なタイプと原因

- **アルツハイマー型認知症**：認知症全体の50％以上を占めます。遺伝、環境、生活習慣などが原因で記憶を司る海馬や脳全体が萎縮して起こります。
- **レビー小体型認知症**：認知症全体の20％弱。脳にレビー小体という異常なタンパク質が溜（た）まり、脳が萎縮することが原因とされています。
- **脳血管性認知症**：認知症全体の20％弱。脳出血や脳梗塞などにより神経細胞が栄養・酸素不足となって壊死（えし）することが原因とされています。
- **前頭側頭型認知症**：認知症全体の数％。はっきりした原因は不明です。
- **その他の認知症**：パーキンソン病、脳腫瘍、頭部外傷、正常圧水頭症、アルコールの長期・大量飲用、HIV感染などが原因で起こる認知症です。

🌸 タイプごとの主な症状・ケア時の注意

認知症のタイプごとの主要な症状とケア時の注意点は下表のとおりです。

認知症のタイプ	主な症状	ケア時の注意点
アルツハイマー型	「数分前／数時間前の出来事をすぐに忘れてしまう」「年月日がわからない」「季節や気候に合った服が選べない」などの症状。	● 生活のリズムを崩さない。 ● 環境が大きく変化しないよう配慮する。 ● 勘違いであっても強く否定しない。
レビー小体型	幻覚、妄想などの精神障害症状、筋肉のこわばりなどの運動機能障害、便秘、失禁、起立性低血圧などの自律神経障害症状。	● 幻覚や妄想を訴えたときに、肯定も否定もせずに接する。 ● 症状の変動が大きいことを理解して柔軟に対応する。
脳血管性	記憶障害、見当識障害、理解力・判断力の低下、実行機能の低下などの症状。	● 問題行動があっても病気のせいだと理解して接する。 ● 経過観察をし、リハビリや散歩などで、進行を遅らせる。
前頭側頭型 （ピック病など）	身だしなみに気を使わない、同じものを食べ続ける、万引きをする、などの症状や、多弁、周囲への過干渉、徘徊といった活動性亢進の症状。	● 異常行動や言葉の意味がわからない症状について理解する。 ● 運動障害を伴う場合があるので、転倒やケガに注意。
その他の原因によるもの	原因によって症状はさまざまだが、記憶障害、見当識障害、理解力・判断力の低下、実行機能の低下などの症状が現れることが多い。	● 原因となる病気を治療することで、認知症の症状を緩和できる可能性があるので、病状観察および医師との連携が大事。

Part 5　認知症の基礎知識　～認知症を正しく理解しておくために

03 認知症の中核症状について知っておこう

脳の神経細胞が壊死(えし)することで起こる根本的な症状

❀ 中核症状（根本的な症状）とは

　認知症の中核症状とは、脳の神経細胞の破壊・減少に伴って直接的に起こる症状で、破壊・減少が進むにつれて症状が進行していきます。病気の進行を遅らせるには、認知症のタイプに応じた専門的な治療が必要です。中核症状には、記憶障害、見当識障害、実行機能障害、理解力・判断力障害、失行、失認、失語などがあります。

脳神経細胞の破壊・減少
↓

中核症状
- 記憶障害　● 見当識障害　● 実行機能障害
- 理解力・判断力障害　● 失行　● 失認　● 失語　etc.

🌸 中核症状の具体例

認知症の人に起こりやすい中核症状の具体的な内容を下表にまとめました。

主な中核症状	具体的な事例
記憶障害	●食事をしたことを忘れる。　●住んでいる場所を思い出せない。 ●家に帰る道がわからない。　●家族のことが思い出せない。 ●何のために来たかわからない。
見当識障害	●日時や曜日がわからない。　●今の季節がわからない。 ●昼なのか夜なのかがわからない。　●今どこにいるのかわからない。
実行機能障害	●家事の段取りが立てられない。　●複数の人とうまく会話できない。 ●友だちと会って何をするかの計画が立てられない。
理解力・ 判断力の障害	●人から言われたことが理解できない。　●複数の物事を総合的に考えることができない。　●ささいな変化に対応できない。
失行	●服を裏返しに着てしまう。　●お茶の淹れ方がわからない。 ●テレビのリモコンがうまく使えない。 ●物の形を描くことができない。
失認	●視界の内にある物の一部が見えない。 ●家族の顔や鏡に映った自分の顔が認識できない。 ●遠近感がなくなり、手や箸でうまくものがつかめない。
失語	●人や物の名前がわかっているのに、言葉にできない。 ●話すことはできるのに相手の話すことが理解できない。 ●ネコをクマと言ってしまう。

Part 5　認知症の基礎知識　～認知症を正しく理解しておくために

04 認知症の周辺症状（行動・心理症状）について知っておこう

周囲の人たちとのかかわりのなかで起こる二次的な症状

♣ 周辺症状（行動・心理症状）とは

周辺症状は、周囲の人たちとのかかわりのなかで起きてくる二次的な症状です。どんな症状が出るかは周りの環境によって変わってきます。周辺症状をある程度コントロールすることができれば、認知症の人の生活の質を向上させることも可能です。周辺症状には、せん妄、幻覚、焦燥、睡眠障害などのように心理に異常をきたすものと、暴言、徘徊、仮性作業、不潔行為などのように行動に異常をきたすものがあります。

中核症状

周囲からの影響 →

周辺症状
- せん妄　● 幻覚　● 焦燥　● 睡眠障害
- 暴言　● 徘徊　● 仮性作業　● 不潔行為　etc.

♣ 周辺症状の具体例

認知症の人に起こりやすい周辺症状の具体的な事例を下図にまとめました。

主な周辺症状	具体的な事例
せん妄	●興奮してわけのわからないことをしゃべる。　●意識がはっきりしないまま動き回る。　●意識がぼんやりして黙り込む。
幻覚	●いない人が見える（幻視）。　●いない人の声が聞こえる（幻聴）。
焦燥	●いつも焦っている。　●ささいなことですぐイライラする。
睡眠障害	●なかなか寝つけない。　●すぐ目が覚める。 ●昼間に眠ってしまう。
暴言	●ちょっと気に入らないことがあると、大声で怒鳴る。
徘徊	●わけもなく、うろうろ歩き回る。 ※理由がある場合が多いのでそれを探ることが大事、との考え方もある。
仮性作業	●食器の食べ物を別の食器に移し替えては元に戻す。 ●タンスから衣類を出してすべて廊下に並べる。
不潔行為	●漏らした便を手でいじったり、壁などになすりつけたりする。 ●汚れた下着を隠す。 ※原因を解明して適切な対応をすれば改善できるケースもある。
多弁	●一方的にしゃべり続ける。　●脈絡のない話をいつまでもする。
多動	●自分がおかれている状況が理解できず、絶えず動き回る。

Part 5　認知症の基礎知識 ～認知症を正しく理解しておくために

05 若年性認知症について知っておこう

若年性認認知症とは、65歳未満で発症する認知症のこと

♣ 高齢者の認知症との違い

　若年性認知症の原因や症状は、高齢者の認知症とほぼ同じです。ただ、高齢者の認知症ではアルツハイマー型が50％以上、レビー小体型と脳血管性が20％弱ずつなのに対し、若年性認知症では脳血管性が約40％、アルツハイマー型が約25％となっています。また、男性の発症割合が約61％と女性より高い傾向があります。

♣ 若年性認知症の人や家族が抱える問題

　若年性認知症の人や家族には下記のような問題が生じるので、地域の医療機関や関係機関は、このことを踏まえて、総合的に支援する必要があります。

- 仕事を辞めなければならないケースが多く、経済的に困窮する。
- 介護をする家族（特に配偶者）の精神的・肉体的な負担が大きい。
- 子どもが成人していない場合は、心の成長や教育などに支障が出る。
- 認知症によって性格変化が生じた場合は、家族関係に悪影響を及ぼす。
- 既婚者でない場合は、兄弟姉妹や年老いた親が介護をすることになる。
- 本人が生きる気力を失う。

♣ 若年性認知症のチェック項目の例

若年性認知症のチェックに利用できる項目を示しておきます。

※下記の項目は、各種の認知症チェック項目から取捨選択し、若年者用の項目を追加したものです。

若年性認知症のチェック項目の例	
日常的な仕事や家事がうまくできなくなった。	よく知っている物の名前や言葉が出てこなくなった。
指示／依頼されたことを忘れることが多くなった。	衣服を裏返しや後ろ前に着ることが多くなった。
約束の時刻や場所を忘れることが多くなった。	家電製品や道具の使い方がよくわからなくなった。
かんたんな計算が正しくできなくなった。	物をなくしたり置き忘れたりすることが多くなった。
いつも通っているところに行く途中で迷った。	新聞やテレビをあまり見なくなった。
現在の日付や曜日がよくわからなくなった。	趣味などに興味が湧かなくなった。
自宅の住所や電話番号がわからなくなった。	ぼんやりしていることが多くなった。
よく知っている人の顔や名前がわからなくなった。	わけもなくイライラすることが多くなった。

♣ 早期相談・受診のすすめ

本人や家族、周囲の人が上記の兆候に気づいた場合は、もの忘れ／認知症外来や専門の医療機関に相談しましょう。全国に、認知症の診断・治療だけでなく、医療福祉相談も行う「認知症疾患医療センター」（下記のアドレスを参照）があるので、最寄りのセンターに相談するのもよいでしょう。

認知症疾患医療センター一覧　http://www.ninchi-k.com/?page_id=34

06 心理検査による認知症の判別・評価の概要を知っておこう

認知症カフェのスタッフが知っておくとよい判別・評価の基礎知識

♣ 認知症かどうかを医師が判別する心理検査のプロセス

　医師は、下図に示すようなプロセスで対象者が認知症か否かを判別します。認知症カフェのスタッフがこのプロセスを理解しておけば、認知症の利用者やその家族と接したり相談にのったりするときに、参考になるでしょう。

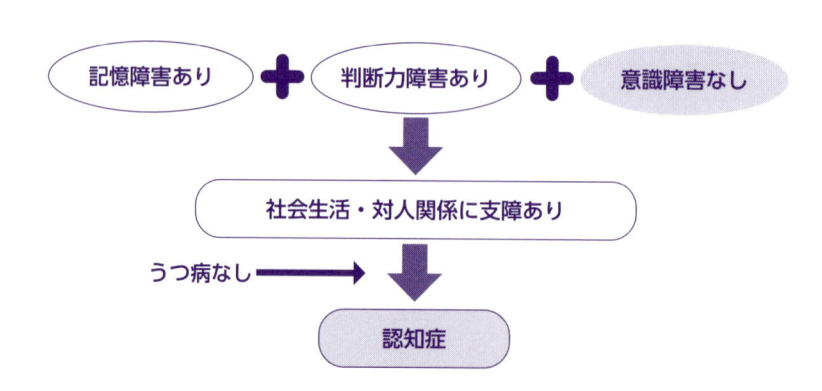

※認知症の診断には、心理検査のほかに、MRIや血液検査も行うのが一般的です。

```
  ┌─────────┐    ┌───────────┐    ┌─────────┐
  │ 記憶障害あり │ ＋ │ 判断力障害あり │ ＋ │ 意識障害なし │
  └─────────┘    └───────────┘    └─────────┘
                       │
                       ▼
              ┌──────────────────┐
              │ 社会生活・対人関係に支障あり │
              └──────────────────┘
  うつ病なし ──────────▶│
                       ▼
                   ┌──────┐
                   │ 認知症 │
                   └──────┘
```

※政府広報オンライン『知っておきたい認知症のキホン』ほかを参考に作成。

🏥 臨床医が用いる臨床認知症の評価尺度（CDR日本語版）

評価	なし：0	疑いあり：0.5	軽度（初期）：1	中等度：2	重度（高度）：3
記憶	記憶障害なし、または、軽度の断続的なもの忘れ。	軽度のもの忘れが常に存在。出来事を部分的に思い出す。"良性"健忘。	中等度の記憶障害。最近の出来事をよく忘れる。日常生活の妨げになる。	重度の記憶障害。繰返し学習したことだけ保持。新しい記憶は急速に消失。	重度の記憶障害。断片的な記憶のみ残存。
見当識	十分に見当識がある。	時系列的な順序に軽度の障害がある以外は、十分に見当識がある。	時系列的な順序に中等度の障害がある。検査場所に関する見当識は正常。他の地理的見当識には障害がある。	時系列的な順序に重度の問題がある。時間の見当識はほぼ障害され、地理的見当識もよく障害される。	自分自身についての見当識だけは保たれている。
問題解決&判断力	生活上の問題を解決し、仕事＆金銭上の問題を十分処理できる。過去と比較して、問題のない判断力。	問題解決、類似点＆相違点の把握に軽度の障害がある。	問題解決、類似点＆相違点の把握に中等度の困難がある。社会的判断力はほぼ保たれている。	問題解決、類似点＆相違点の把握に重度の障害。社会的判断力がほぼ障害されている。	判断および問題解決ができない。
社会生活	仕事、買い物、ボランティア、社会集団において、普通に自立して機能している。	左記の活動に軽度の障害がある。	左記の活動においても、自立して機能できない。簡易検査では正常に見えることも。	家庭外で自立して機能するのは困難。家庭外の集まりに連れて行くことは可能。	家庭外で自立して機能するのは困難。家庭外の集まりに連れて行くのは、困難。
家庭生活&趣味	家庭生活、趣味、知的関心は良好に保たれている。	家庭生活、趣味、知的関心が軽度に障害されている。	家庭生活が軽度に障害され、困難な家事はできない。複雑な趣味や関心の喪失。	単純な家事ならできる。限られた関心だけを保持。	家庭において、重要な機能が果たせない。
自分の回りの身の世話	自分の面倒は自分でみることが十分できる。		動作や作業を促す必要がある。	着替え、衛生管理、身の回りの品の保管に手伝いが必要。	身の回りの世話で多くの助けが必要。頻繁に失禁する。

Part 5 ～認知症の基礎知識 ～認知症を正しく理解しておくために

07 認知症ケアパスについて知っておこう
認知症カフェは認知症ケアパスの入口付近にある

❖ 認知症ケアパスとは地域連携のロードマップ

　認知症ケアパスとは、認知症の人と家族が地域社会のなかで一般の人たちと変わらない生活を営めるようにすることを目標に、医療・介護・福祉関係者が協力し合うための地域連携のロードマップ（道筋）のことです。認知症ケアパスを機能させるには、まず地域関係者がどのように連携したらよいかを図式化した概念図（右ページを参照）をつくる必要があります。すでに市区町村ではケアパスの作成と活用が始まっています。

❖ 認知症カフェは認知症ケアパスへの入り口の１つ

　認知症カフェは、もの忘れなどの不安を抱えながら生活しているけれど、これまで医療・福祉・介護関係の専門家に相談したことがないという人たちが多く訪れる場です。そのため、認知症ケアパスへの入り口としての機能を果たすことが期待されています。カフェの利用者と接するなかでその人の状況を見きわめながら、必要に応じて適切な専門家／機関と連携していきましょう。

　どことどんな連携をしたらよいかは、市区町村の保健福祉関係の部署、地域包括支援センターなどに問い合わせるのがよいでしょう。

❀ 厚生労働省が公表している認知症ケアパスの概念図モデル

　各地域で実際に認知症ケアパスを作成するためのモデル図として厚生労働省が公表している「標準的な認知症ケアパスの概念図」を示しておきます。この概念図の内容を理解しておけば、必要に応じて認知症の治療機関、支援組織、介護施設、などと連携することができるでしょう。

← 気づき～診断まで →　← 日常在宅ケア ── 急性増悪期ケア ── 日常在宅ケア →

[概念図：地域包括支援センター等、認知症初期集中支援チーム、ケアマネジャー、チーム員会議（地域ケア会議）、家族・本人（自宅）、認知症疑い、かかりつけ医、確定診断、認知症疾患医療センター、居宅サービス・地域密着型サービス等、急性増悪期、認知症行動・心理症状悪化時などの急性増悪期診療、日常診療、短期治療（精神科医療機関等）、老人施設等、短期入所等施設を利用したサービス]

※厚生労働省老健局の『今後の認知症施策の方向性について』内の図を参考に作成。

08 認知症の人や家族と接するときに留意すべき10のポイント

傾聴・共感・寄り添う姿勢が大切

ポイント1
認知症の人の悩みを聞いて解決策・軽減策を考える

認知症初期の人は、さまざまな悩みを抱えています。直接相談されたときはもちろん、何気ない会話のなかからも悩んでいることや困っていることをうまく聞き出しましょう。そして、必要に応じて専門家とも相談しながら、問題を解決または軽減できる方法を考え、具体的にアドバイスしましょう。

> **キーポイント**
> - どんなことで悩んでいるのか、困っているのか？
> - 個々の問題に対する解決策や軽減策を考えよう！

ポイント2
認知症の人のバックグラウンドを把握する

認知症の人のバックグラウンド（生活史や価値観など）を知ることで、その人たちが今どのような思いで生きているのかを理解するよう努めましょう。昔のよい思い出を呼び覚ますようにすれば、認知症の周辺症状の緩和につながる可能性もあります。

> **キーポイント**
> - 子どものころ、若いころの生活の様子は？
> - 家族関係はどう変化してきたのだろう？
> - バックグラウンドを踏まえて適切な対応をしよう！

ポイント3
認知症になった自分を想像し利用者の気持ちに寄り添う

「自分が年を重ねて認知症になったら、一体どんな気持ちですごすのだろう？」と想像してみましょう。これからの道のりに思いを巡らせ、その先にある自分の姿を思い描けば、当事者の気持ちに近づくことができるはず。

> **キーポイント**
> - 自分が認知症になったらどんな気持ちになるだろう？
> - 認知症の人の気持ちを汲みとり、心に寄り添うように接しよう！

ポイント4
被保護者扱いせずに人としてのプライドを尊重しよう

人には、人生を歩んでくるなかで必ずプライドが生まれます。被保護者扱い（子ども扱い）して認知症の人のプライドを傷つけると、周辺症状が出やすくなるので、注意しましょう。

> **キーポイント**
> - 認知症の人にもプライドがあることを理解しているか？
> - 認知症の人を被保護者扱い（子ども扱い）しないように注意しよう！

ポイント5
話をよく聞き共感を示すことで信頼を得よう

認知症だからと侮（あなど）ってはいけません。相手が自分の話を真剣に聞いてくれているかどうかは意外にわかっているのです。相槌を打ちながら話をしっかり聞いて共感を示すことで、相手の信頼を得るよう心がけましょう。認知症の人は、信頼できる人が近くにいると周辺症状が出にくいと言われています。

> **キーポイント**
> - 認知症の人の話をしっかり聞いているか？
> - 傾聴の時間をカフェのサービスの一部と考えよう！
> - 納得できる話には積極的に共感を示そう！

ポイント6
会話がうまくできない人に適切に対応しよう

　こちらが話していることを認知症の人が理解できていないと感じたら、まず原因が難聴なのか認知機能の低下なのかを判別しましょう。言語の認知機能が低下している人に対しては、やさしい言葉でゆっくり話しかけ、ボディランゲージ（視線、表情、身振り、手振りなど）を活用するのも効果的です。

> **キーポイント**
> - 認知機能の低下なのか、難聴なのか？
> - やさしい言葉でゆっくり話しかけよう！
> - 視線、表情、身振り、手振りなどを活用しよう！

ポイント7
「楽しい」「うれしい」といった好感情を呼び覚まそう

　認知症の人は、感情が乏しくなって生きるエネルギーが足りなくなっているために、さまざまな問題が生じています。周辺症状の緩和に向けて、五感の刺激を通じて「楽しい」、「うれしい」といった好感情を呼び覚ますようにしましょう。好感情が呼び覚まされると、モチベーションが高まって「元気に生きよう」という気持ちが湧いてきます。

> **キーポイント**
> - 五感をうまく刺激して好感情を呼び覚ませないだろうか？
> - 楽しい、おいしい、などの好感情を呼び覚ます工夫をしよう！

ポイント8
認知症の症状の変化を観察して病状に応じた対応をしよう

　認知症は進行する病気です。症状の変化（進行具合）を観察して、現時点の症状に合った対応をしましょう。認知症の進行過程は「軽度（初期）」、「中等度」、「高度（重度）」に大きく分かれます。カフェを訪れるのは軽度認知障害（MCI）

や認知症初期(軽度)の人が多いと思いますが、中等度に入りかけて困惑している人もいるので、状況を把握して適切な対応を心がけましょう。

> **キーポイント**
> - 今この人は認知症の進行過程のどの辺りにいるのだろう?
> - 専門家の意見も聞きながら、進行状況に合わせて適切な対応をしよう!

ポイント9
家族の精神的な負担を軽減する方法を考えよう

認知症の人の家族には、精神的な負担が大きくのしかかります。ゆっくりと話を聞いて、家族の気持ちに寄り添い、専門家にも相談しながら負担を軽減する方法を考えて、適切なアドバイスをしましょう。

> **キーポイント**
> - 家族は心にどんな悩みを抱えているのだろう?
> - 専門家にも相談しながら、精神的な負担を軽減する効果的な方法を見つけよう!

ポイント10
家族の物理的な負担を軽減する方法を考えよう

認知症の人の家族には、時間や労力などの物理的な負担がかかります。ケアマネジャーなどの介護関係者にも相談しながら、デイサービスやホームヘルパーの活用といった軽減策を考えて、具体的にアドバイスしましょう。

> **キーポイント**
> - 家族が抱えている物理的な負担はどんなものだろう?
> - カフェの活用以外の、効果的な負担軽減策を見つけよう!

Part 5 認知症の基礎知識 〜認知症を正しく理解しておくために

豆知識

今注目されているMCIスクリーニング検査とは？

MCIスクリーニング検査とは、認知症（特にアルツハイマー型認知症）の前段階と言われる軽度認知障害（MCI）の兆候を早期発見するための血液検査です。10 ccの採血によるかんたんな検査で、費用は問診・相談も含め、2～3万円（保険適用外）。現在、日本国内の500ヵ所以上の医療機関（http://mcbi.jp/initiative/checkup/checkup.html を参照）で受けられます。この検査では、アミロイドβペプチド（アルツハイマー型認知症の原因物質）を除去したり毒性を弱めたりするタンパク質（補体、アポリポタンパク、トランスサレチン）のマーカーを調べてアミロイドβペプチドの蓄積度合いを推定。約80％の精度があるようなので、今後普及することが予想されます。

付録 1
認知症に関係する専門用語解説

軽度認知障害（MCI）の人、認知症初期の人、家族の人たちと話をしていると、MCI、海馬、脳の萎縮、MRI、アリセプト、認知症外来、アルツハイマー型、レビー小体型、といった専門用語がよく出てきます。たぶん、病院で説明を受けたり、認知症関係の本を読んだり、インターネットで調べたりして、かなり勉強されているのだと思います。認知症カフェの運営スタッフや協力スタッフは、そういう人たちと会話し信頼を得ていかなければなりません。

この付録には、認知症カフェでの会話や相談で出てくる可能性がある専門用語（薬は後半にまとめて収載）を集め、カフェでのコミュニケーションや説明を意識した解説をつけています。

1. 認知症に関係する医学・看護・介護の専門用語

++++ あ ++++

アミロイドβペプチド：アルツハイマー型認知症の発症にかかわる原因物質の1つ。脳にアミロイドβペプチドやタウと呼ばれる特殊なタンパク質が溜まると、神経細胞が変性・壊死してアルツハイマー型認知症が発症すると考えられている。

アルコール性認知症：アルコールの大量・継続的摂取によって脳血管障害や栄養障害などが起こることで発症すると言われている認知症。高齢者だけではなく、若い世代でも見られる。アルコール性認知症の場合は、長期間の断酒によって認知機能やもの忘れが改善する可能性もある。

アルツハイマー型認知症：脳内の神経細胞が壊れて脳が萎縮していくことで、認知機能（特に記憶力）が低下したり人格が変化したりする病気。認知症全体の50％以上を占める。

アルツハイマー型認知症早期診断支援システム検査：「VSRAD検査」の項を参照。

意識障害：物事を正しく理解したり判断したりする能力や周囲の刺激に適切に反応する能力が損なわれている状態のこと。結果として行動異常を起こす場合もある。進行すると、精神行動障害が顕著になり、日常生活に支障をきたすようになる。

意味性認知症：前頭側頭葉変性症の1つ。特徴的な症状は、言葉の意味がわからなくなること。その結果、話の内容がちぐはぐになって会話がうまくできなくなる。言葉の成立要素には音声、文法、意味があるが、意味だけが徐々に消えていく。進行すると、前頭側頭型認知症と同様の精神行動障害が現れて日常生活に支障をきたすようになる。

オレンジプラン：2012（平成24）年9月に厚生労働省が発表した『認知症施策推進5か年計画』の通称。「新オレンジプラン」の項も参照。

オレンジリング：認知症サポーターの目印として認知症サポーター養成講座の修了者に配られるオレンジ色の軟質ブレスレット。

++++ か ++++

海馬：脳のなかで特に認知症と深く関係する領域。日常の出来事を通じて覚えた情報は海馬で整理されて必要なものや印象的なものだけが残され、大脳皮質に蓄積されていく。したがって、海馬が正しく機能しないと、新しいことがうまく記憶できなくなる。アルツハイマー型認知症の人がついさっきの出来事を忘れてしまうのは海馬の機能低下が原因と考えられている。

感覚障害：特殊感覚（視覚・聴覚・嗅覚・味覚・平衡覚）や皮膚感覚（触圧覚・温覚・冷覚・痛覚）

などの感覚のうちの1つまたは複数が鈍麻したり機能しなくなったりすること。高齢者では、感覚障害に起因する事故に注意する必要がある。

漢方薬（認知症関係）：認知症の周辺症状を緩和するために、漢方薬が用いられる場合がある。臨床試験などで効果が確認されている漢方薬は、抑肝散、抑肝散加陳皮半夏、釣藤散、当帰芍薬散、黄連解毒湯など。各漢方薬の詳細については、「2．認知症の治療や予防に使われる薬」のそれぞれの項を参照。

記憶障害：事故や疾病で脳の記憶にかかわる領域の一部が損傷した場合などに、物事を覚える能力や覚えたことを思い出す能力が低下すること。「日付や場所がわからない」、「人の名前や顔が思い出せない」、「同じ質問を何度も繰り返す」などの状態や行動が見られる。

くも膜下出血：脳の表面をおおう3層の膜（外側から硬膜、くも膜、軟膜）のくも膜の内側（くも膜と軟膜の間）に出血することを指す。出血の主原因は、脳動脈瘤の破裂である。くも膜下出血は血管性認知症の原因の1つ。

クロイツフェルト・ヤコブ病（亜急性海綿状脳症）：認知症の原因疾患の1つ。異常なプリオンタンパクが脳内に蓄積し脳神経細胞を変性させるプリオン病の一種で、特徴的な症状は、進行性の精神機能の低下、筋肉の引きつり、よろめき歩行など。異型クロイツフェルト・ヤコブ病は汚染された牛肉を食べることで感染するが、輸血による感染も報告されている。

傾聴の姿勢：コミュニケーションが苦手な人や認知機能が低下している人の話をゆっくりとていねいに聞く姿勢のこと。認知症の人との日常的なコミュニケーションにおいてもっとも重視されるポイントである。

軽度認知障害（Mild Cognitive Impairment：MCI）：認知症とは言えないが、認知症にやや近い症状を示す軽度の認知障害を指す。臨床認知症評価尺度(正常、疑いあり、軽度、中等度、重度)の「疑いあり」に相当する。症状から「健忘型」と「非健忘型」に分類される。健忘型は記憶障害が特徴で、アルツハイマー型認知症へと進むことが多く、非健忘型は失語や失行などの症状が特徴で、前頭側頭型認知症やレビー小体型認知症に進むことが多い。

軽度認知障害スクリーニング検査：「MCIスクリーニング検査」の項を参照。

傾眠：意識混濁の一種で、声をかけたりゆすったりすれば覚醒するが、またじきに意識が混濁してしまう状態。自分がいる場所や時間がわからなくなったり、直前の出来事の記憶がなくなったりすることが多い。

血管性認知症：脳血管障害に起因する脳のダメージ（脳出血、くも膜下出血、脳梗塞、脳血栓など）によって起こる認知症。アルツハイマー型に次いで多い認知症で、認知症全体の20％弱を占める。特徴的な症状は、夜の徘徊、抑うつ状態、失禁など。

付録1　認知症に関係する専門用語解説

幻覚：実際には存在しない人や物が見える「幻視」や実際にはない声や音が聞こえる「幻聴」などの総称。

言語障害：聴く・話す・読む・書くといった言語能力が低下または喪失した状態を指す。原因は、脳血管障害や頭部外傷による大脳の言語中枢の損傷など。

言語聴覚士：「ST」の項を参照。

見当識障害：自分自身や自分が現在おかれている状況・環境を理解する能力（見当識）が低下した状態のこと。日付、朝・夜の別、季節などが認識できない「時間の見当識障害」、住んでいる場所や現在いる場所が認識できない「場所の見当識障害」、日々接している家族や周囲の人たちが認識できない「人物の見当識障害」に類別できる。

原発性変性型認知症：脳内の神経細胞の変性・壊死・減少が直接的な原因となって起こる認知症。アルツハイマー型認知症、レビー小体型認知症、前頭側頭型認知症が該当し、認知症全体の約70％を占める。これに対して、他の疾患（病気や外傷）に起因する認知症を二次性認知症と呼ぶ。

行動障害：身体機能や精神機能に問題が生じることで、周囲の環境に適合する行動や人間らしい行動・判断をすることが困難になった状態。

高齢者の運転免許証の更新：運転免許証の更新期間が満了する日の年齢が70歳以上の人は高齢者講習を受けなければならず、75歳以上の人は、高齢者講習の前に講習予備検査（認知機能検査）を受けなければならない。講習予備検査とは、記憶力や判断力を測定する検査で、時間の見当識、手がかり再生、時計描画という3つの検査項目について、検査用紙に記入する形で行われる。

++++ さ ++++

在宅介護：日常生活に支障がある自宅居住者を介護すること。介護保険制度の要支援・要介護度に応じて、訪問介護やデイサービスなどの在宅介護サービスが利用できる。

作業療法：身体または精神に障害がある人（認知症の人も含む）に対して、手芸、工作、園芸などの作業を通じて応用的動作能力や社会的適応能力の回復を図ること。

作業療法士：「OT」の項を参照。

失禁：排泄機能がうまく働かなくなって起こる尿失禁と便失禁を指す言葉。便失禁は神経系の障害や肛門括約筋が弱ることで起こり、尿失禁は排尿に関係する神経障害、膀胱・尿道の障害、骨盤底のゆるみ、大脳皮質の障害などによって起こる。

失行：認知症の中核症状の1つ。運動障害、知能障害、意識障害などがなく、何をするべきか理解しているにもかかわらず、その行為を遂行できない状態。原因は、脳に生じた器質的障害。

失語：認知症の中核症状の1つ。気管・のど・口・くちびるといった構音器に異常がないのに言語機能が低下すること。「会話がうまく組み立てられない」、「他人の話す内容がよく理解できない」、「考えていることをうまく言い表せない」、「よく使う物の名前や単語が思い出せない」などの症状が現れ、最終的には会話できなくなる。

失認：認知症の中核症状の1つ。意識障害がなく感覚機能も正常で、対象の存在が知覚できるにもかかわらず、「ある物に触ってもその形がわからない」、「ある物を見てもそれが何かわからない」といった状態を指す。

若年期認知症：18～39歳に発症する認知症のこと。詳しくは、「若年性認知症」の項を参照。

若年性認知症：若年期認知症（18～39歳に発症）と初老期認知症（40～64歳に発症）を総称したもの。性格変化、言葉が出にくいなどの症状から始まることが多いため、うつ、精神的ストレス、更年期障害などとの区別がむずかしく、経過を観察しないと診断が確定できないこともある。原因疾患は、脳血管性（約40％）、アルツハイマー型（約25％）、頭部外傷後遺症（約8％）、前頭側頭型（約4％）、アルコール性（約4％）、レビー小体型（約3％）など。女性より男性の発症率が高い。

周辺症状：認知症の症状を2つに分類したうちの1つ（もう1つは中核症状）。認知症において、周囲の人たちや環境とのかかわりのなかで起きてくる症状。どんな症状が出るかは周りの環境によって変わってくる。周辺症状をある程度コントロールすることができれば、ケアの質を向上させることも可能。周辺症状には、「せん妄」、「妄想」、「幻覚」、「人格変化」、「睡眠障害」、「焦燥」、「暴言」、「徘徊」、「仮性作業」、「介護拒否」などがある。

手段的日常生活動作：「IADL」の項を参照。

初老期認知症：40～64歳に発症する認知症のこと。詳しくは、「若年性認知症」の項を参照。

新オレンジプラン：2015（平成27）年1月に厚生労働省が公表した「認知症施策推進総合戦略」の略称。以前の「認知症施策推進5か年計画（オレンジプラン）」に代わる新戦略で、「認知症高齢者等にやさしい地域づくり」を柱とした施策。

人格の尊重：医療や介護においては、サービスを受ける人の人格を尊重することが求められる。そのためには、介護される人がどのような価値観や考えをもっているのかをしっかりと把握し、それに即した対応をする必要がある。

人格変化：認知症の周辺症状の1つ。以前は穏やかだった人が急に怒りっぽくなったり短気になったりすることを指す。感情をコントロールできなくなったり、意思の疎通がうまくいかなくなったりすることで起こる。人格変化は認知症以外の病気が原因で起こるケースもあるので、注意が必要。

心気症：診察や検査で特に器質的な異常がないにもかかわらず、ささいな身体的不調を重病にかかっていると思い込んでしまう精神疾患。症状が重い場合は、不安を和らげるような精神療法や薬物療法（抗不安薬や抗うつ薬など）が必要になる。

進行性認知症：時間の経過とともに症状が進行して、しだいに各種の認知機能が失われていく認知症の総称。アルツハイマー型認知症やレビー小体型認知症は、進行性である。

髄液検査（アルツハイマー型認知症の診断用）：「脳脊髄液検査」の項を参照。

成年後見制度：認知症や精神障害などが原因で物事を判断する能力が十分でない成人について、本人の社会的な権利を守る援助者（「成年後見人」など）を選ぶことによって本人を法律的に支援する制度。将来自分の判断能力が不十分になったときの後見内容と後見する人（任意後見人）を公正証書を作成して決めておく「任意後見制度」と、本人が精神上の障害により判断能力が不十分となったときに、親族等が家庭裁判所に後見人等の選任を申立て、家庭裁判所が後見人等を選任する「法定後見制度」がある。

摂食障害：拒食症（神経性食欲不振症）や過食症など、身体に病気がないのに食事がとれなかったり、逆に食べすぎたりしてしまう病気の総称。体型や体重へのこだわりが主な原因だが、認知症が原因で自立摂食が困難になったり、食事を拒否したりするケースもある。

前頭側頭型認知症（ピック病）：大脳の前方部（前頭側頭葉）に限局性の変性（前頭側頭葉変性）が生じることで起こる認知症。若年性認知症の代表疾患の１つで、40～50歳代に発症のピーク（平均発症年齢は49歳）がある。特徴的な症状は、自制力低下（粗暴、短絡など）、感情鈍麻、異常行動（浪費、過食・異食、窃盗、徘徊など）。緩やかに進行し、平均約８年で寝たきり状態になって死に至る。

前頭側頭葉変性症：脳の前頭葉や側頭葉が萎縮することで起こる精神疾患。アルツハイマー型では頭頂葉や側頭葉・内側に萎縮が生じるのに対し、前頭側頭葉変性症は前頭葉や側頭葉に萎縮が現れる。病変部位により、前頭側頭型認知症、進行性非流暢性失語症、意味性認知症の３つに分類される。

せん妄：急性の脳障害などの疾患が原因となって引き起こされる軽度の意識障害のこと。せん妄は、認知症と似ているので間違われることもあるが、本質的に異なる病気である。

++++ **た** ++++

タウタンパク：アルツハイマー型認知症の発症にかかわる原因物質の１つ。脳にアミロイドβペプチドやタウタンパクと呼ばれる特殊なタンパク質が溜まると、神経細胞が変性・壊死してアルツハイマー型認知症が発症すると考えられている。

地域包括支援センター：2002（平成14）年の介護保険法改正に基づいて、地域住民の保健・福祉・医療の向上、虐待防止、介護予防マネジメントなどを行うために市区町村に設置された機関。センターに所属する保健師、主任ケアマネジャー、社会福祉士が連携しながら業務を行う。地域包括支援センターは、市区町村直営のものと民間（社会福祉法人など）委託のものがあるが、民間委託のほうが多い。

地域密着型サービス：介護保険法の改正により2006（平成18）年に創設された介護サービス提供の新たな仕組み。高齢者が要介護状態となってもできる限り住み慣れた地域で生活し続けられるよう、日常生活圏域内で介護サービスの利用や提供を完結させるシステム。

チームケア：介護施設や在宅環境において、介護、看護、リハビリテーション、医療、福祉などの専門職がチームを組み、介護を必要とする人のケアを行うこと。

中核症状：認知症の症状を2つに分類したうちの1つ（もう1つは周辺症状）。脳の細胞が壊れることによって直接的に起こる「見当識障害」、「記憶障害」、「実行機能の低下」、「理解力・判断力の低下」、「失語」、「失認」、「失行」などを指す。

昼夜逆転：昼間は横になって眠ったりイスに座って居眠りをしたりし、夜になると目を覚ますこと。睡眠障害の一種で、認知症の人に多く見られる。改善方法は、昼間は自然光の差し込む明るい環境ですごすようにし、散歩や体操などによって身体を適度に疲労させるのが基本。

統合失調症：思考、行動、感情を1つの目的に沿ってまとめていく（統合する）能力が長期間にわたって低下し、幻覚（幻視・幻聴など）、妄想、焦燥感、攻撃的な行動などの症状を示す精神疾患。この種の能力低下は、うつ病、引きこもり、適応障害、認知障害などでも見られるため、診断は幻覚や妄想の内容を精査することでなされる。

特定疾病：心身の病的加齢現象と医学的関係があると考えられる疾病。がん（末期）、関節リウマチ、筋萎縮性側索硬化症、後縦靱帯骨化症、骨折を伴う骨粗しょう症、初老期における認知症など。

特発性正常圧水頭症：脳脊髄液が脳室に過剰に溜まって脳が圧迫されることで、認知障害、歩行障害、尿失禁などの症状が出る疾患。認知症と診断された人の5〜6％が特発性正常圧水頭症であると言われている。手術で治すことが可能な認知症である。

++++ な ++++

二次性認知症：他の疾患（病気や外傷）に起因する認知症。これに対して、他の疾患に起因しない認知症を原発性変性型認知症と呼ぶ。アルツハイマー型と前頭側頭型は原発性。

西村式精神機能検査：「NDS」の項を参照。

日本認知症学会：認知症に関連する臨床および基礎の諸分野の科学的研究の進歩発展を図りその成果を社会に還元することを目的として、1982（昭和57）年に設立された学会（現在の名称になったのは2005年）。学術集会や教育セミナーの開催、学会誌発行、専門医試験などを行なっている。

認知症ケア専門士：一般社団法人 日本認知症ケア学会が認定試験を実施している民間資格。受験資格は「認知症ケアに関する施設、団体、機関等において、過去10年間の間に3年以上の認知症ケアの実務経験を有する者」となっている。

認知症サポーター制度：認知症を正しく理解し認知症の人への接し方を学んだ人に、生活のさまざまな場面で認知症の人やその家族をサポートしてもらおうという制度。各地域で開催される短時間の「認知症サポーター養成講座」を受講することで資格が得られる。

認知症サポート医：厚生労働省が実施している「サポート医研修」を受講することで得られる資格。かかりつけ医への助言や、地域の認知症医療の中心的役割を担うことが期待されている。

認知症疾患医療センター：認知症の専門医が常駐し、診断と治療方針の決定を行う医療機関で、入院設備も整っている。全国に265ヵ所設置されており（2015年9月現在）、都道府県に1ヵ所以上ある。認知症に関する医療福祉相談や地域の保健・医療・福祉関係者の支援も行う。

認知症初期集中支援チーム：家族・本人からの要望や民生委員などからの要請により、認知症が疑われる人や認知症の人および家族を訪問してアセスメントを実施し、自立生活支援や家族支援などを包括的かつ集中的（およそ6ヵ月）に行う医療・看護・介護などの専門職からなるチームのこと。

認知症スクリーニングテスト：精神科外来や認知症外来などの診察において認知症が疑われる場合に行われるテスト。ただし、このテストで認知症の有無が診断されるわけではなく、本格的な検査が必要かどうかを判断するための手段として行われる。認知症の代表的なスクリーニングテストは、「長谷川式認知症スケール検査」、「西村式精神機能検査（NDS）」、「ミニメンタルステート検査（MMSE）」の3つ。

認知症専門医：認知症に関係する学会がそれぞれ認定している専門医師のこと。日本認知症学会の「認知症学会専門医」、日本精神科医学会の「日本精神科医学会認定認知症臨床専門医」、日本老年精神医学会の「日本老年精神医学会認定専門医」などがある。

認知症地域支援推進員：2009（平成21）年度から2010（平成22）年度までに地域包括支援センターに配置されていた認知症連携担当者に代わって、2011（平成23）年度から市区町村に2、3人ずつ配置されている認知症支援

の専門職。市区町村の地域包括支援センターなどで、医療機関、介護サービス、地域の支援をつなぐコーディネーターとしての役割を果たしている。

認知症の進行過程：一般的に認知症になる一歩手前の段階である「軽度認知障害(MCI)」(必ずしも認知症に進行するとは限らない)、「第Ⅰ期：軽度」、「第Ⅱ期：中等度」、「第Ⅲ期：高度(重度)」に分類される。

認知症の治療薬：認知症のなかでもっとも症例が多いアルツハイマー型認知症の治療薬には、「ガランタミン(商品名:レミニール)」、「ドネペジル(商品名:アリセプト)」、「メマンチン(商品名：メマリー)」、「リバスチグミン(商品名:イクセロンパッチ、リバスタッチ)」の4種類がある（詳細については、「2．認知症の治療や予防に使われる薬」の各項目を参照）。ただし、いずれも、認知症の根本治療薬ではなく進行抑制薬である。ドネペジル(商品名:アリセプト)については、レビー小体型認知症の症状改善にも効果があるとの報告がある。その他のタイプの認知症専用の治療薬は現在まだ開発されておらず、他の疾患用の薬が適宜使用されている。また、認知症の周辺症状を緩和するために、抗精神病薬、抗うつ薬、抗不安薬などの向精神薬や抑肝散、抑肝散加陳皮半夏、釣藤散、当帰芍薬散、黄連解毒湯などの漢方薬が用いられることもある。

認知症連携担当者：地域におけるネットワーク体制の構築、医療センターにおいて認知症の確定診断を受けた人に対する支援、他の地域包括支援センターとの連携、若年性認知症者に対する支援を担当する職として、2009(平成21)年度と2010(平成22)年度に地域包括支援センターに配置されていた専門職。2011(平成23)年度からは、これに代わる職として認知症地域支援推進員が設けられた。

脳血栓：脳の血管で動脈硬化が進むにつれ、徐々に血管の通路が狭くなり血の塊(血栓)ができて詰まった状態を指す。その結果、その先の組織細胞に酸素や栄養が届かなくなって脳梗塞を起こす。

脳梗塞：脳の血管が詰まって、その先の組織細胞に酸素や栄養が届かなくなって細胞が壊死する病気。脳血栓によるものと、脳以外の血管でできた血栓が脳血管を塞ぐ塞栓によるものがある。梗塞が発生した部位によって、運動機能の低下、言語障害といったさまざまな症状が起こる。脳梗塞は血管性認知症の原因の1つ。

脳出血：脳内の血管が破れて脳の内部に出血した状態を指す。その結果、運動麻痺、意識障害、感覚障害などが起こる。重篤な場合は、脳幹部が圧迫されて死に至る。脳出血は血管性認知症の原因の1つ。

脳脊髄液検査(アルツハイマー型認知症の診断用)：脳脊髄液をとり出してアルツハイマー型認知症の原因物質とされるアミロイドβペプチドの濃度を測る検査(保険適用外)。MCIの段階でアルツハイマー型認知症の兆候を見つ

けることができるとされる。ただし、髄液の採取には痛みやその他のリスクが伴うため、血液検査（「MCIスクリーニング検査」の項を参照）が優先される。

ノーマライゼーション：「障害者と健常者が特に区別されることなく、社会生活をともにしていく」という理念。介護の領域では、介護を必要とする人を被保護者扱いせずに、対等な立場の人間として必要な支援（介護ケア）をすることを指す。

++++ は ++++

パーキンソン病：主に40〜50歳以降に発症し徐々に進行していく神経変性疾患。神経伝達物質の1つであるドーパミンが減少することで起こると考えられている。主な症状は、「手足が震える（振戦）」、「筋肉が硬くなる」、「動きが遅くなる」など。パーキンソン病患者の約8割が、認知症を併発することが知られている。

徘徊：認知障害や意識障害のある人があてもなく歩き回る様子を指す。ストレス、不安、緊張などが、徘徊の増幅要因になると考えられる。徘徊には意味があり、それに則した対応をすれば徘徊行為が減少するという考え方もある。

長谷川式簡易知能評価スケール検査：認知症の疑いがあるかどうかを判別するテストの1つ。「年齢」、「日時の見当識」、「場所の見当識」、「言葉の即時記銘」、「計算」、「数字の逆唱」、「言葉の遅延再生」、「物品記銘」、「言語の流暢性」に関する9つの質問をし、回答を点数評価することで、認知症の可能性を判断する。

バリデーション療法：コミュニケーションに重点をおいた認知症の療法。認知症の人が徘徊したり騒いだりすることには何らかの意味があると考え、その人が歩んできた人生や今の悩みに共感を示すことで、症状の緩和・軽減を図る。

ハンチントン病（Huntington's Disease：HD）：ハンチンティンと呼ばれるタンパク質に関連する遺伝子の障害で起こる遺伝的疾患で認知症の原因疾患の1つ。脳や脊髄のさまざまな場所で変性を引き起こす。30〜40歳代で発症し、平均余命は約15年。認知症にかかわる症状は、易刺激性（外部からの刺激に反応しやすい状態）、不安、抑うつなどから始まり、しだいに重度の人格障害が生じる。

ピアアシスト（Peer Assist）：同じような悩みや問題を抱えている人たちが、仲間どうしで支え合うこと。介護の世界では、家族を介護する人どうしが交流し支え合うこと。

非言語的コミュニケーション：言葉で表すのではなく、表情、姿勢、身振り・手振りなどで、意思を伝えるコミュニケーション方法。特に、認知症が進んだ利用者とのコミュニケーションには、この方法が不可欠。

皮質下性認知症：大脳皮質下に何らかの損傷が生じることで起こる認知症。記憶の障害と感情・行動の変化が特徴的な症状。

皮質性認知症：大脳皮質または脳の表層に何らかの損傷が生じることで起こる認知症。記憶障害、言語障害、思考・判断力障害、行動障害などの症状が生じやすい。

ピック病（前頭側頭型認知症）：「前頭側頭型認知症」の項を参照。

服薬管理：自分できちんと薬が服用できない人（子どもや軽度認知障害＜MCI＞または認知症の人）が医師からの指示どおりに薬を服用するよう管理すること。服薬管理では、服用指示書に基づいて、飲み忘れや飲み間違いが起こらないようにする必要がある。

不眠症：入眠障害、中途覚醒（かくせい）、早朝覚醒などが1ヵ月以上続き、倦怠感（けんたい）、意欲低下、集中力低下、食欲不振などを引き起こす状態。原因は、ストレス、心身の病気、薬の副作用など。

プラセボ：乳糖やでんぷんなどからつくられた偽薬（ぎやく）のこと。薬効はないが、薬と信じて飲むことで効果が出るケースもあり、これをプラセボ効果と呼ぶ。薬を頻繁に飲みたがる認知症高齢者に、家族（介護者）の同意を得て医師が処方することもある。

変性型認知症：「原発性変性型認知症」の項を参照。

++++ ま ++++

ミニメンタルステート検査：「MMSE」の項を参照。

妄想：現実に起きていないことやあり得ないことを本当のことだと思い込み、現実と合わない言動をすること。

物盗られ妄想：身の回りの物（お金や財布など）や財産などを誰かに盗まれたと勘違いする妄想。アルツハイマー型認知症では、進行過程のどこかで3割以上の人に物盗られ妄想が出現する、という報告もある。妄想を否定すると逆効果なので、対応がむずかしい。

++++ ら ++++

リスクマネジメント：看護・介護分野では、看護・介護される人に事故（転倒、転落、異食、誤嚥（ごえん）、容態の急変など）が発生するリスクを予見し、予防策を立てて関係者に周知すること。

リハビリテーション：病気、ケガ、加齢などによって障害を負った人が、元どおりの生活または元どおりに近い生活を送るための訓練・治療を行うこと。一般的には、ケガや病気から身体機能回復のために施される作業療法や理学療法による医学的リハビリテーションを指すことが多いが、教育的、職業的、社会的リハビリテーションも重要である。

臨床認知症評価尺度（Clinical Dementia Rating：CDR）：「記憶」、「見当識」、「判断と

問題解決能力」、「社会生活」、「家庭生活と趣味」、「身の回りのケア」の6つの評価項目について、「正常：0」、「疑いあり：0.5」、「軽度：1」、「中等度：2」、「重度（高度）：3」の5段階で認知症のレベルを測る基準。

レビー小体型認知症（Dementia with Lewy Bodies：DLB）：主として大脳皮質の神経細胞に「レビー小体」という特殊なタンパクが蓄積することで起こる認知症。初期には幻覚（特に幻視）や妄想などの症状が出現し、時間の経過とともにもの忘れなどの症状が現れ、さらに身体が硬くなる、動作が鈍くなるなどのパーキンソン病に似た運動障害が生じてくる。

良眠：夜よく眠れて睡眠時間が十分とれている状態。また、睡眠中に何度も目を覚ましたり、うなされたりすることがない状態のこと。

++++ A to Z ++++

AD（Alzheimer's Disease：アルツハイマー型認知症）：「アルツハイマー型認知症」の項を参照。

ADL（Activities of Daily Living：日常生活動作）：患者や介護サービス利用者の生活基本動作のこと。食事、更衣、整容、洗面、歯磨き、入浴、排泄、移動などを指す。

ALS（Amyotrophic Lateral Sclerosis：筋萎縮性側索硬化症）：脳や末梢神経からの命令を筋肉に伝える運動ニューロン（運動神経細胞）に障害が起こることで、手足、のど、舌などの筋肉や呼吸に必要な筋肉がしだいに衰えていく病気。

BPSD（Behavioral and Psychological Symptoms of Dementia：認知症の行動と心理症状）：認知症に伴う徘徊、不潔行為、異食、妄想といった問題行動や心理症状のこと。

CDR（Clinical Dementia Rating：臨床認知症評価尺度）：「臨床認知症評価尺度」の項を参照。

CT（Computed Tomography：コンピューター断層撮影）検査：エックス線により脳をスライス状に撮影し、画像化する検査方法。認知症に関しては、脳がどのくらい萎縮しているかを知ることができる。脳腫瘍や脳梗塞などの有無を検査することで記憶障害の原因を探ることも可能。

DLB（Dementia with Lewy Bodies：レビー小体型認知症）：「レビー小体型認知症」の項を参照。

FTD（Frontotemporal Dementia：前頭側頭型認知症）：「前頭側頭型認知症」の項を参照。

FTLD（Frontotemporal Lobar Degeneration：前頭側頭葉変性症）：「前頭側頭葉変性症」の項を参照。

HAD（HIV-Associated Dementia：HIV関連認知症）：AIDSの原因となる人免疫不全ウイルス（HIV）が感染・発症して、脳の白質が広範囲で破壊されることで起こる認知症。特徴的な症状は、記憶障害、運動機能の低下、集中力の低下、無感動、引きこもり、など。

HD（Huntington's Disease：ハンチントン病）：「ハンチントン病」の項を参照。

IADL（Instrumental Activities of Daily Living：手段的日常生活動作）： 日常生活動作（ADL）より複雑で応用的な動作のこと。買物、洗濯、掃除、金銭管理、服薬管理、車の運転などを指す。

MCI（Mild Cognitive Impairment：軽度認知障害）：「軽度認知障害」の項を参照。

MCI（Mild Cognitive Impairment：軽度認知障害）スクリーニング検査： 認知症（特にアルツハイマー型認知症）の前段階と言われる軽度認知障害（MCI）の兆候を早期に発見するための血液検査。アミロイドβペプチド（アルツハイマー型認知症の原因物質の1つ）を脳内から排除し毒性を弱める仕組みにかかわる3つのタンパク質マーカーを調べてアミロイドβペプチドの蓄積度合いを推定することで、MCIのリスクを評価する。現在は保険適用外。

MMSE（Mini-Mental State Examination：ミニメンタルステート検査）： 認知症の疑いがあるかどうかを判別するテストの1つ。「日時等に関する見当識」、「場所に関する見当識」、「3つの言葉の記銘」、「計算」、「3つの言葉の遅延再生」、「物品呼称」、「文章の復唱」、「指示動作」、「読字と動作」、「文章作成」、「図形複写」の11の質問をし、回答を点数評価することで、認知症の可能性を判断する。

MRA（Magnetic Resonance Angiography：磁気共鳴血管撮影）： MRI装置を利用して、血管の様子を立体画像として映し出す方法。MRAは造影剤を使用しないため、人体へのリスクがほとんどない状態で脳の血管を鮮明に映し出すことができる。脳血管性認知症のリスクを判別するために有効とされている。

MRI（Magnetic Resonance Imaging：磁気共鳴画像撮影）： 磁気共鳴という原理を利用して、生体組織のさまざまな断面を撮影することを意味するが、撮影装置を指す場合もある。認知症では、MRIで脳を撮影した画像が、脳の萎縮の有無、慢性硬膜下血腫や特発性正常圧水頭症の有無などの判別に利用される。

NDS（Nishimura's Dementia Scale：西村式精神機能検査）： 認知症の疑いがあるかどうかを判別するテストの1つ。「年齢」、「月日」、「手の指の名前」、「運動メロディ」、「時計」、「果物の名前」、「物語の記憶」、「引き算」、「図形描写」、「物語再生」、「逆唱」、「書きとり」、「読字」の13項目について質問し、回答を点数評価することで、認知症の可能性を判断する。

OT（Occupational Therapist：作業療法士）： 身体運動機能や精神心理機能に障害がある人に対して、園芸、手芸などの作業を通じて、応用的動作能力や社会的適応能力の回復を図る専門職（国家資格）のこと。

PET（Positron Emission Tomography：陽電子放射断層撮影）検査： 脳などの血流状態を画像で見ることのできる検査方法。アルツハイ

マー型認知症の人の脳では、頭頂葉内側の楔前部などで血流の減少が見られることが多い。

QOL（Quality Of Life：生活の質）：生活に必要な物質の充足、生活基本動作の自立、精神面での充実感などから総合的に評価される生活全体の質のこと。

SPECT（Single Photon Emission Computed Tomography：単光子放射線コンピューター断層撮影）：微量の放射線を出す放射性同位元素（ラジオアイソトープ）を体内に入れ、その分布状況を放射線量から読みとり、コンピューターで画像化する機器。脳の血液の流れを測定することで、認知症の進行具合や、脳卒中のリハビリテーションの効果などを評価することも可能。

ST（Speech-Language-Hearing Therapist：言語聴覚士）：言語や聴覚に支障のある人に対して、コミュニケーション機能の向上を目的に各種の援助を行う専門職（国家資格）のこと。

VaD（Vascular Dementia：血管性認知症）：「血管性認知症」の項を参照。

VSRAD（Voxel-Based Specific Regional Analysis System For Alzheimer's Disease：アルツハイマー型認知症早期診断支援システム）検査：MRIを用いてアルツハイマー型認知症の早期診断を支援する検査方法（エーザイ株式会社が開発）のこと。MRI画像を利用し、海馬傍回（海馬の周囲に存在する灰白質の大脳皮質領域）の萎縮度を正常脳と比較して数値で評価する。アルツハイマー型認知症の症状の進行を抑える薬は、早期であるほど効果が期待できるため、この検査の有効性は高いとされている。

2．認知症の治療や予防に使われる薬

++++ あ ++++

黄連解毒湯（おうれんげどくとう）：血管性認知症の症状緩和に効果があるとされている漢方薬。認知症治療薬や向精神薬と比べて副作用が少ないのが特長。

オランザピン（商品名：ジプレキサ）：抗精神病薬に分類され、統合失調症などの治療に用いられる。強力な抗幻覚・抗妄想作用があり、認知症の周辺症状の緩和にも用いられている。

++++ か ++++

ガランタミン（商品名：レミニール）：ガランタミン臭化水素酸塩は、「軽度および中等度アルツハイマー型認知症」の進行抑制薬。アセチルコリンエステラーゼ阻害作用とニコチン受容体増強作用を併せもつ薬剤。ドネペジルよりも耐性が生じにくいので、長期間にわたる臨床効果が期待できるとされている。

クロチアゼパム（商品名：リーゼ）：抗不安薬の一種で、不安、不眠、緊張などの症状を抑えて精神を安定させる効果がある薬。認知症の周辺症状を緩和するために用いられることもある。

抗うつ薬：落ち込んだ気持ちや死にたいと思う気持ちが継続している状態（うつ症状）の改善に用いられる薬。向精神薬の一種。化学構造と作用機序によって、三環系、四環系、SSRI、SNRI、NaSSAの5つのグループに分類される。認知症の周辺症状の緩和にも用いられる。

抗精神病薬：主に統合失調症や双極性障害の治療に用いられる薬。向精神薬の一種。

向精神薬：脳など中枢神経に作用して精神症状の改善に効果をもたらす薬の総称。抗精神病薬、抗うつ薬、抗不安薬、気分安定薬、睡眠薬などに分類される。認知症の周辺症状の緩和にも用いられる。

抗不安薬：不安・緊張などの症状を和らげる目的で使用される薬で、以前は精神安定剤と呼ばれていた。向精神薬の一種。うつ病や神経症などの精神疾患、心身症のほか、さまざまな内科・外科疾患に伴う不安を和らげるために幅広く使用される。認知症の周辺症状の緩和にも用いられる。

++++ た ++++

釣藤散（ちょうとうさん）：認知症の周辺症状に効果があるとされる漢方薬。特に、自発性の低下、感情障害、行動異常などに対する効果が臨床試験によって認められている。認知症治療薬や向精神薬と比べて副作用が少ないのが特長。

当帰芍薬散（とうきしゃくやくさん）：アルツハイマー型認知症の周辺症状の緩和に効果があるとされる漢方薬。認知症治療薬や向精神薬と比べて副作用が少ないのが特長。

ドネペジル（商品名：アリセプト）：ドネペジル塩酸塩は、「軽度、中等度、および高度アルツハイマー型認知症」の進行抑制薬。アセチルコリンエステラーゼ阻害作用をもつ。1999(平成11)年に「軽度および中等度アルツハイマー型認知症」への適応承認を受け、2007（平成19)年に「高度アルツハイマー型認知症」への適応承認を受けた。この薬については、レビー小体型認知症の症状改善にも効果があるとの報告がある。

++++ な ++++

ニセルゴリン（商品名：サアミオン）：脳循環改善薬の一種で、脳の血流をよくし、脳の活動を高めたり神経伝達物質を調整したりする効果がある。脳細胞破壊の結果として起こる意欲低下に対しても効果がある。脳血管障害（脳梗塞など）による認知症の予防にも効果があるとされている。

付録1　認知症に関係する専門用語解説

++++ は ++++

ブロモクリプチンメシル酸塩（商品名：パーロデル）：中枢神経用薬の一種で、ドーパミンと同じようにD2受容体を刺激してパーキンソン症状を緩和する効果があるため、認知症の症状緩和にも用いられている。

++++ ま ++++

メマンチン（商品名：メマリー）：「中等度および高度アルツハイマー型認知症」の進行抑制薬。NMDA受容体を選択的に拮抗して過剰なグルタミン酸による神経障害を防ぐことにより、記憶の妨げとなる持続的な電気シグナルを減少させて記憶の定着を促進する。

++++ や ++++

抑肝散：徘徊、暴言、暴力といった認知症の周辺症状を緩和する効果があるとして注目されている漢方薬。認知症治療薬や向精神薬と比べて副作用が少ないのが特長。ドネペジル（商品名：アリセプト）と併用するのがより効果的、という報告もある。また、精神症状が出やすいレビー小体型認知症にも効果があるとされている。

抑肝散加陳皮半夏：精神を安定させたり筋肉の緊張を和らげたりする作用がある漢方薬。抑肝散と同様に認知症の周辺症状の緩和に効果があるとされる。抑肝散が体力のある人からやや体力の落ちている人に用いられるのに対し、抑肝散加陳皮半夏は身体が衰弱している人に用いられる。認知症治療薬や向精神薬と比べて副作用が少ないのが特長。

++++ ら ++++

リスペリドン（商品名：リスパダール錠）：抗精神病薬に分類され、主に統合失調症や双極性障害の治療に用いられる。強力な抗幻覚・妄想作用があるため、認知症の周辺症状の緩和にも用いられている。

リバスチグミン（商品名：イクセロンパッチ、リバスタッチ）：ドネペジルとほぼ同等の効能を有する「軽度および中等度アルツハイマー型認知症」の進行抑制薬。神経伝達物質であるアセチルコリンエステラーゼ阻害作用とブチリルコリンエステラーゼ阻害作用を併せもち、記憶障害をはじめとする認知症の関連症状を改善する効果があるとされている。

付録 2
認知症カフェの開設・運営の参考になる資料

最近は認知症カフェに関する報道が増えてきているため、今はカフェの開設にあまり積極的でない自治体も、早晩、対応を迫られることになるでしょう。「1．自治体の認知症カフェ助成金公募の例」に示した長野県長野市の「認知症カフェ（オレンジカフェ）設立資金助成事業補助金交付要綱」は、助成金を探すときの参考にしてください。

認知症カフェでは利用者のプライバシーを適切に保護する必要があります。これについては、「2．認知症の人や家族の個人情報保護に関するガイドライン」の内容が参考になります。

「3．オランダとイギリスの認知症カフェに関する追加情報」には、オランダのアルツハイマーカフェとイギリスのディメンシアカフェに関する詳しい情報を記載しました。海外の事例に関心のある方は参照してください。

1. 自治体の認知症カフェ助成金公募の例

　厚生労働省は、『認知症施策推進総合戦略（新オレンジプラン）』において全国の市区町村に認知症カフェの開設を促していますが、開設・運営に関する具体的な基準は示していません。

　認知症カフェの開設・運営に関する基準に相当するものとしては、認知症カフェの開設・運営に助成金を出している市区町村の「認知症カフェに対する助成金（補助金）交付要綱」があります。助成の内容や金額は自治体によって少しずつ異なりますが、要するに「こういう条件を満たす認知症カフェをつくれば補助金を出す」という趣旨の基準ですから、そこから自治体のイメージする「認知症カフェ」の姿が見えてきます。また、この要綱から、認知症カフェの開設・運営に利用できる助成金（補助金）の詳細がわかります。

　この項では、参考例として、長野県長野市の補助金（助成金）交付要綱を示します（重要な情報に下線をつけました）。

◇長野市認知症カフェ（オレンジカフェ）設立資金助成事業補助金交付要綱

※長野県長野市のホームページから転載。

（趣旨）
第1　この要綱は、<u>軽度認知障害及び認知症の高齢者の認知症状の悪化予防、その家族の介護負担の軽減並びに地域での認知症啓発を目的として認知症カフェ（オレンジカフェ）（以下「認知症カフェ」という。）を設立する事業に対し、予算の範囲内で補助金を交付する</u>ことに関し、長野市補助金等交付規則（昭和61年長野市規則第4号。以下「規則」という。）に定めるもののほか、必要な事項を定めるものとする。

（定義）
第2　この要綱において「認知症カフェ」とは、軽度認知障害及び認知症の高齢者、その家族並びに

地域住民の誰もが気軽に集い、認知症状の悪化防止、相互交流、情報交換等を目的として、主体的に参加できる活動拠点であり、次の各号に掲げる区分に応じ、当該各号に定める要件を全て満たすものをいう。

(1) 会場及び環境　次に定める要件
ア 長野市内に10人以上が活動できるスペース（拠点）を設けること。
イ 駐車場が確保されている等、利用者が参加しやすいこと。
ウ カフェ形式に机等を配置し、安心して参加できる雰囲気であること（和洋のスタイルは問わない）。

(2) 開催頻度等　次に定める要件
ア 月1回以上開設し、1回当たりの開設時間は2時間以上とすること。
イ 開設日は、日にち及び曜日を固定するなど工夫し、周知すること。
ウ 3年以上継続して実施すること。

(3) 目標　次に定める要件
ア 軽度認知障害及び認知症の高齢者にとって、自ら活動し楽しめる場所であること。
イ 家族介護者にとって、わかり合える人と出会う場所であること。
ウ 地域住民にとって、住民同士の交流の場及び認知症に対する理解を深める場であること。

(4) 連携　次に定める要件
ア 市民ボランティア（キャラバン・メイト、認知症サポーター及び一般市民）の積極的な参加を促進すること。
イ 長野市地域包括支援センターを通じてケアマネジャー等へ周知し、利用者の拡大を図ること。
ウ 軽度認知障害及び認知症の高齢者並びにその家族からの相談に対応できる人員を配置すること（長野市地域包括支援センター、小規模多機能型居宅介護事業所、認知症対応型共同生活介護事業所等の職員による専門相談が望ましい）。
エ 地区住民自治協議会と連携し、地域住民からの支援に努めること。

(5) 評価等　次に定める要件
ア 毎回終了後に、参加者の構成及び人数を記録すること。
イ 毎回終了後に、実施内容を評価すること。
(6) 実施内容　次に定める要件
ア 宗教的又は政治的活動を伴わない内容であること。
イ 法令及び公序良俗に反しない内容であること。
(7) 留意事項　次に定める要件
ア 軽度認知障害及び認知症の高齢者並びにその家族の個人情報及びプライバシーの尊重・保護に万全を期すものとし、正当な理由がなくその業務に関して知り得た秘密を漏らしてはならないこと。
イ 茶菓子等を提供するときは衛生管理に十分留意し、食品を提供するときは食品衛生管理者となることができる人員を配置すること。
ウ 市と協働して、認知症施策の推進に努めること。

(補助金の交付対象者)
第3　補助金の交付の対象となる者(以下「交付対象者」という。)は、次の各号のいずれにも該当する個人又は団体とする。ただし、認知症カフェの実施について、市から他の補助金等の交付を受けている者を除く。
(1) 市内に住所を有する者
(2) 市税等を滞納していない者
(3) 暴力団又は暴力団員の統制下にない者
(4) 原則として年度内に新たに認知症カフェを実施する者
(5) 事業を着実に実行でき、適切な事業運営が確保できると市長が認める者

(補助金の補助対象経費)
第4　補助金の交付の対象となる経費(以下「補助対象経費」という。)は、第2に規定する認知症カフェの設立に要する経費とする。
2　前項の規定にかかわらず、次に掲げるものは、補助対象経費としない。

(1) 会場の賃借料、使用料、光熱水費、機材の借上げ費等の費用

(2) 特定の個人が所有し、又は占有する物品の購入に要する経費

(3) 交付対象者の構成員による会合の飲食費

(4) 交付対象者の構成員に対する人件費及び謝礼

(5) その他市長が適当でないと認める経費

(補助金の補助率及び限度額)

第5 補助金の補助率は、補助対象経費の10分の10以内とし、補助金の額は、1ヵ所につき20万円を限度とする。

2 補助金の額に100円未満の端数があるときは、これを切り捨てるものとする。

(補助金の交付申請)

第6 規則第3条に規定する申請書は、長野市認知症カフェ(オレンジカフェ)設立資金助成事業補助金交付申請書(様式第1号)によるものとする。

2 規則第3条に規定する関係書類は、次に掲げるとおりとする。

(1) 認知症カフェの位置図及び写真等

(2) 補助事業に係る見積書の写し

(3) その他市長が必要と認める書類

(補助事業の内容の変更等)

第7 規則第8条の規定による承認の申請は、次の各号に掲げる区分に応じ、当該各号に定める書式を提出して行うものとする。

(1) 補助事業の内容を変更しようとするとき 長野市認知症カフェ(オレンジカフェ)設立資金助成事業変更承認申請書(様式第2号)

(2) 補助事業を廃止しようとするとき 長野市認知症カフェ(オレンジカフェ)設立資金助成事業廃止承認申請書(様式第3号)

2 前項第1号の申請書には、第6第2項各号に掲げる書類のうち変更事項に係るものを添えて提出するものとする。

（実績報告）

第8 規則第9条に規定する実績報告書は、長野市認知症カフェ（オレンジカフェ）設立資金助成事業補助金実績報告書（様式第4号）によるものとする。

2 規則第9条に規定する関係書類は、次に掲げるものとする。

(1) 補助事業に係る領収書の写し

(2) その他市長が必要と認める書類

3 前2項に規定する書類の提出期限は、補助事業の完了した日から起算して30日を経過した日又は補助金の交付決定があった日の属する年度の3月31日のいずれか早い日とする。

（補助金の交付請求）

第9 規則第12条第2項に規定する請求書は、長野市認知症カフェ（オレンジカフェ）設立資金助成事業補助金交付請求書（様式第5号）によるものとする。

2 概算払により補助金の交付を受けようとするときは、長野市認知症カフェ（オレンジカフェ）設立資金助成事業補助金概算払請求書（様式第6号）によるものとする。

（補則）

第10 この要綱に定めるもののほか、この要綱の施行に関し必要な事項は、市長が別に定める。

附 則

この要綱は、平成26年6月30日から施行し、平成26年度分の補助金から適用する。

※この情報は、2015（平成27)年9月時点のものです。

2. 認知症の人や家族の個人情報保護に関するガイドライン

　認知症カフェでは、カフェ利用者の個人情報を適切に守る必要があります。個人情報保護の参考資料として、介護サービス利用者の個人情報保護に言及している厚生労働省のガイドラインを以下に示しておきます。

◇『医療・介護関係事業者における個人情報の適切な取扱いのためのガイドライン』
　これは、2010（平成22）年9月17日に厚生労働省が公表したガイドライン（改訂版）で、介護関係の事業者がサービス利用者やその家族の個人情報をとり扱う際の指針となるものです。ガイドライン本文の冒頭部分を抜粋して以下に示します（重要な情報に下線をつけました）。認知症カフェは、1．のなかにある「介護保険法に規定する居宅サービス事業を行う者等の事業者」には該当しませんが、3．に示されている「地域密着型介護予防サービス事業」に近い事業と考えられます。

Ⅰ 本ガイドラインの趣旨、目的、基本的考え方
1．本ガイドラインの趣旨
　本ガイドラインは、「個人情報の保護に関する法律」（平成15年法律第57号。以下「法」という。）第6条及び第8条の規定に基づき、法の対象となる病院、診療所、薬局、介護保険法に規定する居宅サービス事業を行う者等の事業者等が行う個人情報の適正な取扱いの確保に関する活動を支援するためのガイドラインとして定めるものであり、厚生労働大臣が法を執行する際の基準となるものである。

2．本ガイドラインの構成及び基本的考え方
　個人情報の取扱いについては、法第3条において、「個人情報が、個人の人格尊重の理念の下に慎重に取り扱われるべきものである」とされていることを踏まえ、個人情報を取り扱うすべての者は、その目的や様態を問わず、個人情報の性格と重要性を十分認識し、その適正な取扱いを図らな

ければならない。

　特に、医療分野は、「個人情報の保護に関する基本方針」（平成16年４月２日閣議決定。以下「基本方針」という。）及び国会における附帯決議において、個人情報の性質や利用方法等から、特に適正な取扱いの厳格な実施を確保する必要がある分野の一つであると指摘されており、各医療機関等における積極的な取組が求められている。

　また、介護分野においても、<u>介護関係事業者は、多数の利用者やその家族について、他人が容易には知り得ないような個人情報を詳細に知りうる立場にあり、医療分野と同様に個人情報の適正な取扱いが求められる分野</u>と考えられる。

　このことを踏まえ、本ガイドラインでは、法の趣旨を踏まえ医療・介護関係事業者における個人情報の適正な取扱いが確保されるよう、遵守すべき事項及び遵守することが望ましい事項をできる限り具体的に示しており、各医療・介護関係事業者においては、法令、基本方針及び本ガイドラインの趣旨を踏まえ、個人情報の適正な取扱いに取り組む必要がある。

　具体的には、医療・介護関係事業者は、本ガイドラインの【法の規定により遵守すべき事項等】のうち、「しなければならない」等と記載された事項については、法の規定により厳格に遵守することが求められる。また、【その他の事項】については、法に基づく義務等ではないが、達成できるよう努めることが求められる。

３．本ガイドラインの対象となる「医療・介護関係事業者」の範囲

　本ガイドラインが対象としている事業者の範囲は、①病院、診療所、助産所、薬局、訪問看護ステーション等の患者に対し<u>直接医療を提供する事業者</u>（以下「医療機関等」という。）、②介護保険法に規定する居宅サービス事業、介護予防サービス事業、地域密着型サービス事業、<u>地域密着型介護予防サービス事業</u>、居宅介護支援事業、介護予防支援事業、及び介護保険施設を経営する事業、老人福祉法に規定する老人居宅生活支援事業及び老人福祉施設を経営する事業その他高齢者福祉サービス事業を行う者（以下「介護関係事業者」という。）であり、いずれについても、個人情報保護に関する他の法律や条例が適用される、国、地方公共団体、独立行政法人等が設置するものを除く。ただし、医療・介護分野における個人情報保護の精神は同一であることから、これらの事業者も本ガ

イドラインに十分配慮することが望ましい。
　なお、検体検査、患者等や介護サービス利用者への食事の提供、施設の清掃、医療事務の業務など、医療・介護関係事業者から委託を受けた業務を遂行する事業者においては、本ガイドラインのⅢ4．に沿って適切な安全管理措置を講ずることが求められるとともに、当該委託を行う医療・介護関係事業者は、業務の委託に当たり、本ガイドラインの趣旨を理解し、本ガイドラインに沿った対応を行う事業者を委託先として選定するとともに委託先事業者における個人情報の取扱いについて定期的に確認を行い、適切な運用が行われていることを確認する等の措置を講ずる必要がある。
＜以下省略＞

詳細については、下記アドレスのPDFファイルを参照してください。
　URL：http://www.mhlw.go.jp/topics/bukyoku/seisaku/kojin/dl/170805-11a.pdf

◇『「医療・介護関係事業者における個人情報の適切な取扱いのためのガイドライン」に関するQ&A』
　これは、2013（平成25）年4月1日に厚生労働省が公表した「医療・介護関係事業者における個人情報の適切な取扱いのためのガイドライン」に関するQ&A（改訂版）です。詳細については、下記アドレスのPDFファイルを参照してください。
　URL：http://www.mhlw.go.jp/topics/bukyoku/seisaku/kojin/dl/170805iryou-kaigoqa.pdf

3．オランダとイギリスの認知症カフェに関する追加情報

　Prologueの「2．日本の認知症カフェの元になったオランダとイギリスの事例」に両国の認知症カフェの概要を示しましたが、以下に追加の情報を示しておくので、必要に応じて参照してください。また、下記の情報が記載されているWebサイトのアドレスを付記したので、関心のある方はオリジナルのサイトの情報を参照してください。
※この情報は2015（平成27）年9月時点のものです。

◇【オランダアルツハイマー協会（Alzheimer Nederland）の概要】

本部	アムステルダム（オランダの首都）
支部	主要都市を中心に51ヵ所
協会専任スタッフ	約60人
ボランティアスタッフ	約5,500人
募金活動専門のボランティア	約30,000人
活動資金	年間約10億円の寄付金
主な活動（認知症カフェ関係）	認知症カフェの運営、認知症カフェコーディネーターの育成、認知症カフェの運営ガイドラインの作成、諸外国での認知症カフェの開設に対する指導や運営マニュアルの提供
その他の活動	認知症者や家族のための情報提供、24時間対応の相談窓口、保健福祉スポーツ省ほかの担当官庁との折衝、メディアを通じての広報活動、認知症啓発のための学校教育など

URL：http://www.alzheimer-nederland.nl

　上記のホームページはオランダ語のため、そのままでは内容がわかりません。Googleで"Alzheimer Nederland"を検索して最初に表示される項目"Alzheimer Nederland - Alzheimer en dementie - alzheimer …"の右下にある"このページを訳す"をクリックすれば、日本語に翻訳された内容（かなり不完全ですが…）が表示されるはずです。

◇【イギリスのメモリー＆アルツハイマーカフェの登録リスト
　（Memory & Alzheimer's Cafés UK Directory）】

URL：http://www.memorycafes.org.uk

　これは、イングランドの各地域（ロンドン、サウスウェスト、サウスイーストなど）、ウェールズ、スコットランド、ノースアイルランド、および諸島部にあるメモリーカフェ（またはディメンシアカフェ）を探すための登録リストです。表示されている地図のなかの調べたい地域をクリックすると、その地域にあるカフェの一覧が表示されます。

カフェの例：たとえば、地図の"Wales"をクリックして、カフェ名のリストにある"Caldicot"をクリックすると、下記のカフェ情報が表示されます。

- Caldicot
  （カルディコット：ウェールズ地方にある町の名前）
- Name of Café: Caldicot Memory Café
  （カフェの名前：カルディコットメモリーカフェ）
- Venue Address: St Paul's Community Hall, Longcroft Road, Caldicot.
  （開催場所：カルディコット、ロングクロフト通り、セントポールコミュニティホール）
- Venue Post Code: NP26 4EU
  （開催場所の郵便コード：NP26 4EU）
- Name of co-ordinator: Lynda Steiner
  （カフェコーディネーターの名前：リンダ シュタイナー）
- Telephone contact: 01600 719127
  （電話番号：01600 719127）
- Times of opening: 3rd Friday in every month. 10.30am to 3pm. Lunch at 12.30pm
  （開店日時：毎月第3金曜日、10:30～15:00、昼食は12:30から）

［著者プロフィール］

浅岡雅子（あさおか・まさこ）
1953年、東京都生まれ。早稲田大学教育学部（教育心理学）卒業。企業に勤務したのち、フリーランスのライター・編集者となる。先端技術の解説記事、探訪記事など、多様な執筆を経験したのち、1993年からは医学系ライターとして大学病院の専門医を中心に300人以上の医療関係者に取材を行い医療専門誌や一般誌に多数の記事を執筆。2004年から介護分野や高齢者医療の取材・執筆も行なっている。著書に『現場で使える介護記録便利帖＜書き方・文例集＞』（翔泳社）、『現場で使えるデイサービス生活相談員便利帖』（翔泳社）がある。なお、現在に至るまで通算10年の家族介護の経験がある。

装　丁	原てるみ、坂本真里（mill design studio）
本文DTP	平野直子（株式会社 デザインキューブ）
カバー・本文イラスト	田中裕子（BALABILAB）
カバー写真	naka／PIXTA（ピクスタ）

魅力あふれる 認知症カフェの始め方・続け方

2015年10月16日　初版第1刷発行

著　者	浅岡 雅子
発行人	佐々木 幹夫
発行所	株式会社 翔泳社（http://www.shoeisha.co.jp）
印刷・製本	凸版印刷 株式会社

©2015 Masako Asaoka

本書は著作権法上の保護を受けています。本書の一部または全部について（ソフトウェアおよびプログラムを含む）、株式会社 翔泳社から文書による許諾を得ずに、いかなる方法においても無断で複写、複製することは禁じられています。

本書へのお問い合わせについては、002ページに記載の内容をお読みください。

造本には細心の注意を払っておりますが、万一、乱丁（ページの順序違い）や落丁（ページの抜け）がございましたら、お取り替えいたします。03-5362-3705までご連絡ください。

ISBN978-4-7981-4340-8　　　　　　　　　　　　　　　　Printed in Japan